Giancarlo Rosati

Il poeta dell'amiata in poesia

Youcanprint *Self-Publishing*

Titolo | Il poeta dell'amiata in poesia
Autore | Giancarlo Rosati
ISBN | 978-88-92639-74-4

Youcanprint Self-Publishing
Via Roma, 73 - 73039 Tricase (LE) - Italy
www.youcanprint.it
info@youcanprint.it
Facebook: facebook.com/youcanprint.it
Twitter: twitter.com/youcanprintit

Prefazione

 La poesia d'amore nasce relativamente tardi nella letteratura latina: intorno al II sec. a.C., quando i Romani, concluse vittoriosamente le guerre in Oriente e in Grecia, trovarono il tempo e lo spirito adatto per dedicarsi anche ai brusii dell'animo e ai sentimenti.

Ecco allora che l'amore, questo sentimento connaturato con la struttura stessa dell'uomo, diventerà sempre più motivo di vita anche se solamente con Catullo si innalzerà, legandosi come lirica al mondo dei sensi e della passione e avviando il filonc della *malattia amorosa* e della *servitù d'amore*.

Ed è proprio l'amore/passione che dà infinita gioia ma anche infelicità, quello di cui ci parla Giancarlo Rosati in questa sua nuova raccolta: a volte in modo misurato, altre in maniera istintiva, irrazionale e carnale, ma arrivando comunque dritto al cuore.

Attraverso le sue poesie, semplici naturali inconsce, l'autore esprime in maniera viscerale e quasi irrazionale, ciò che di fatto è inesprimibile, irrazionale, illogico, incoerente e folle.

Cedendo talvolta alla melanconia e a una dolce e pacata solitudine, si offre nella sua nudità interiore attraverso versi che racchiudono i suoi sentimenti più profondi. In un gioco tra realtà, fantasia ed immaginazione, nebbie e ricordi, le parole fluiscono immediate raccontando qualcosa di personale, ma allo stesso tempo condivisibile.

Spesso in questi versi l'amore viene paragonato ai fiori, accostamento che rimanda alla bellezza della passione, ma anche alla sua delicatezza e fragilità (*Una rosa per te, rosa tra le rose – Donna così fragile come cristallo – Nel giardino del mio cure ho piantato una rosa d'ogni colore – Nel giardino dei ricordi ho piantato inebrianti viole*)

Amore (in sanscrito "a-more", ciò che non muore) è infatti sinonimo di vita, perché è soltanto attraverso lui che riusciamo a percepire il senso più profondo della nostra esistenza: nel rapporto di coppia, con i figli o genitori, amici, ma anche con il mondo e la natura. Tante sono le poesie che Rosati dedica alla sua amata terra, l'Amiata, ma anche a sua figlia e ai bambini di tutto il mondo.

Sono tantissime le caratteristiche di questo meraviglioso e complesso sentimento di cui l'autore ci regala la sua particolare descrizione e visione.

Sentimento che ci può elevare, facendoci sentire migliori, forti e invincibili oppure farci precipitare nella disperazione e nell'angoscia quando non c'è oppure finisce, ma di cui comunque non possiamo fare a meno come scriveva l'indimenticabile Emily Bronte in Cime tempestose: *"Sii sempre con me, rendi qualsiasi forma, portami alla follia. Solo non lasciarmi in quest'abisso, nel quale non riesco a trovarti."*

ADORATO AMORE

Questo fastidioso continuo vento,
fa volar dai tuoi occhi lacrime di pianto,
non pianger amor mio sono qui affianco,
non ti lascerò andare, ti amo tanto.
Asciugherò dei tuoi occhi, la salata lacrima,
non potrò mai dirti addio, sei la mia anima,
sei la linfa che scorre dentro la mia vita,
la più bella storia d'amore infinita.
I miei occhi ogni giorno la gioia ritrovano,
le mie certezze, ogni giorno si rinnovano,
ti amo con le tue idee, ed elaborate fantasie,
ti adoro con le tue doti e sciocche gelosie.
La tua bocca è la fonte che mi disseta,
la pelle bianca come latte, morbida come seta,
il tuo corpo la fantasia fa correre veloce,
sei l'amore che mi dà e mi mette in croce.
Cessa vento, il tuo irritante e lamentoso soffio,
il mio volto i suoi dolci occhi li vuole addosso,
a me ti stringo, i lunghi tuoi capelli ci copriranno,
amor mio voglio un bacio, che duri un anno.
Il tuo petto accostato al mio, come roccia lo sento,
mi struggo ad ogni tuo desiderio in un momento,
il galoppante desiderio accende di noi il cuore,
dal fastidioso vento troverà riparo il nostro amore.

ALIENA ANIMA

Fin dagli albore della vita
ogni essere umano ha la strada disegnata.
Questa può esser piana,
in discesa o salita.
L'anima che alla nascita
ad un essere vivente viene inviata,
segue la sua programmazione.
Se tutto questo si potesse leggere,
ognuno saprebbe la sua destinazione.
Ma la mente dell'essere umano,
nella memoria dell'anima non può entrare.
Mentre l'anima ha accesso a tutto il corpo,
compresa la mente, modellandola a piacere,
nelle reazioni, nei modi di fare, di agire,
dell' umana persona, fino la sua distruzione.

ALTRI TEMPI

Bimba sei bellissima
I tuoi vent'anni esprimono fierezza
Al tuo corpo vellutato, imbellettato
Profumato di donna, ancor giovinetta
Vai a briglia sciolta, senza cavezza.

I tuoi seni ben marcati sulla camicetta
Verso il cielo stan puntando
Il tuo corpo di donna ancor giovinetta
Non dona smagliatura alcuna
Turgida, dinanzi all'occhio appari.

Il tuo corpo mi regala un ricordo
Altre donne, altre giovinette, altro tempo
Giovani ragazze, timorose di pudore
Più coperte al vedere e più avare
Nel donar anima e cuore.

Te! come fossi una Dea
Ti presenti al mio cospetto
Sei bella! Bella da infarto
Le tue lunghe gambe in tutto perfette
Quella corta gonna stretta, dà alla testa.

Bimba fai intravedere quel sogno
Che l'uomo ha reso schiavo e porco
Un corpo da favola senza ritocco
I tuoi stupendi occhi color del mare
Fanno sognare notti d'amore.

AMABILE DONNA

Il tuo corpo di donna, bianco come latte,
mi svago tra montuose colline e cosce bianche,
somiglianza con il mondo, i turgidi glutei.

Il mio corpo rude di peli e muscoli ti cerca,
scava in te la tua innata dolcezza e le tue voglie,
come un minatore aprii in te quel tunnel.

Donna da me fuggivano gli uccelli al mio passare,
in me irrompeva la notte con potente invasione,
ogni essere umano mi scansava dalla sua visione.

Donna! Per sopravvivere alla mia persona,
ti forgiai con il fuoco come si fa con la spada,
come ferro di cavallo ti piegai al mio volere.

Ma viene l'ora della tua vendetta, or che ti amo,
pelle di latte, fui avido e fermo nel mio concetto,
or mi neghi il tuo corpo, con gli occhi assenti.

Ah il tuo corpo qual rimembranza, quanto mi manca,
ah la tua voce vellutata, triste, di sublime dolcezza,
corpo della mia donna, resterò nella tua grazia?

Mia fame e sete cavata, mio piacere senza limite,
mio cammino di vita,
quale svago o piacere, mi rimane se non te, mia
infinita.

imitando : Pablo Neruda

AMAMI COME SONO

Questa storia d'amore
Non ha seguito, ma neppur fine
È una malattia cronica
Deve prender medicine.
A tutto questo non c'è spiegazione
Un giorno ti amo, l'altro mali parole
Questa malattia fa ingrossar il fegato
Facendo molto male al cuore.
Perché ancor per amore devo lottare
Chiedo clemenza, non ho armi
Né per combattere, né da mostrare
Posso dirti ti amo, altro non posso fare.
Non divertirti il cuor a calpestare
Se conosci l'amore, sai cos'è il dolore
Il tuo fare è un continuo dissapore
Battendo e ribattendo come il tocco delle ore.
Basta farsi del male, basta! Dirtelo mi costa
Se davvero mi ami, pensa alla vita nostra
Ogni giorno il mio scritto per te è un'offesa
Non chiuderò la mia mente, perché sei gelosa.
Scrivo per gusto e sopravvivere al mio tempo
Lo faccio scavando nel mio intelletto
Devo sopravvivere al pensare e mi spoglio
Faccio tutto questo in nome del mio orgoglio.

AMORE AMORE AMORE

Tu mi hai fatto scoprire cos'è l'amore vero
Quello che fa batter forte il cuore
Una fiamma che divampa, avvolge il corpo
Una febbre che colpisce, fa ballare il cuore.

Mi hai dato l'amore, la dolcezza
Con il tuo sguardo dolce e penetrante
Mi hai fatto cadere in un oblio profondo
Mi hai sconvolto i sensi, rapito il cuore.

L'amore che ho per te cresce ogni giorno
Questo desiderio non posso placarlo
Vorrei urlare a tutto il mondo che ti amo
Ti adoro, ti desidero, sei il mio sogno.

Tu mi hai fatto conoscere il vero amore
Voglio le tue dolci mani sul mio corpo
Le tue dita come un libro mi sfogliano
I tuoi baci il mio corpo coprono.

Voglio esser per te una terra sconosciuta
Lo spazio più profondo da esplorare
Un animaletto selvatico da salvare
Che aspetta di essere addomesticato, coccolato.

Amor mio, tu mi hai rubato il cuore
Mi hai tolto ogni facoltà che risiede nella mente
Mi hai stravolto, l'anima ti sei presa
Voglio viverti ogni momento della vita.

AMORE ETERNO

Amare così tanto una donna e dover dire basta
Non sono pazzo, neppur è una rivalsa
Non voglio giustificar il mio atteggiamento
Mi chiedi troppo, ed io non sono pronto

La famiglia di me ha bisogno non l' abbandono
Sei stata molto importante, un albo d'oro
Un amore intenso, un amore immenso
E senza di te solo un nulla, sono perso.

Mi hai messo davanti ad una scelta
Al sangue del mio sangue, darò fin l'ultima goccia
Sei e per me rimani un grande amore
Dirti addio il cuor mi duole.

In un'altra vita, se ancor vorrai saremo assieme
Oggi dico basta o penso a te o alla mia gene
Se ti dico addio, è per troppo amore
I tuoi desideri so di non poter esaudire.

Non dimenticherò mai il nostro amore
Io ti ho dato tante spremute al cuore
Ricorda sempre, la promessa che facemmo
Quel nostro giuramento lo rispetterò in eterno.

AMORE INFINITO

Piange la bimba innamorata
la luna non l'ha consolata,
una stella la vede piangente
commossa chiama a raccolta le altre,
dicendo loro; la bimba ha nel cuore un fendente
un uomo con la forza le rubò la mente-

Le stelle cantano in coro
l'amor di quell'uomo non era importante,
cerca bimba tra gli astri un pretendente,
ti amerà senza pretendere niente,
la bimba indicò con lo sguardo piangente
l'astro più bello, più luminescente.

Sorpreso l'astro da quel richiamo
disse:-Bimba mia ti sarò accanto, già ti amo-
mi dici mi ami:- Ma cosa pretendi da questo cuore-
:-Soltanto un bacio ogni sera, calato il sole,
sei bella meriti altro, un grande amore-.

Ti porterò dentro il mio cuore,
ti mostrerò l'universo nel mio giostrare,
vedrai del cielo lo scuro e il chiarore
dell'intero universo il suo splendore,
il mattino ci illuminerà con le sue aurore.

ANGELI DEL CIELO

C'è un mare grande e terre da affrontare
Un mare da navigare per terre promesse
dove i bimbi affrontano assieme al genitore
scappi piangendo da guerre, piccolo essere.

Troverai deserti e spiagge bianche
sembrano costruite per farti giocare,
un bimbo non ha guerre, ma pace negli occhi
vuole solo vivere, non morire, ma arrivare.

Ci sono guerre, ma non son per bimbi e bimbe
le guerre son fatte per morire e loro voglion vivere
i bimbi hanno i giochi, loro giocano con le bombe
vogliono fuggire da quelle guerre che possono
uccidere.

Vagano per giorni su deserti fino a raggiugere il mare
Ci sono posti organizzati che decidono la loro sorte
Creati da mafie e persone senza onore
Nella traversata verso la salvezza troveran la morte.

Tanti, troppi corpi giacciono in mare, a non finire
dove i bimbi sono angeli che gli han tarpato le ali
vengon trattati come bestie, né bere, né mangiare
non importa se son animali o umani, son tutti uguali.

In questo mondo che non ha pietà per i suoi simili
per un bimbo che muore ne nascono altri cento
non v'è più amore neppure per i cuccioli
io non so se sentirmi animale o uomo dentro.

Questo cielo azzurro è popolato di ogni angelo
disperso
quei bimbi son gli angeli che la vita han perso in mare

volano su cieli azzurri e su un mare immenso
possono volare alti nei cielo ma non possono più
sognare.

ANGELI IN VOLO

Oggi è nato un angelo
Sei la felicità di mamma e babbo
Rimarrai su questa terra è deciso
Fin quel giorno a te predestinato.

Crescerai tra l'amore della famiglia
Che tu sia figlio oppur figlia
Verrai coccolato e viziato
Crescerai tra la scuola e il gioco.

Diventerà grande e sarà sempre il tuo bimbo
Da te è nato, tra dolori lo hai partorito
Oramai è grande e il bimbo prende il volo
Quel cordone sempre a te rimarrà legato.

Oggi è nato un bimbo sfortunato
È nato in una baracca tra mosche e ratti
Tra guerra e fame gli dai il benvenuto
Io sento da qui bimbo, i tuoi pianti.

Non avrai cibo né cure in questo deserto
Vivrai tra la fame e pochi aiuti
Forse vivrai, ma per te il destino non è certo
Se la tua vita sarà lunga sarà di patimenti.

Oggi è nato un bimbo sotto i bombardamenti
Nei tuoi occhi non c'è né sicurezza né gioia
Vivrai se Dio vorrà, di fucili fumanti
Imbracciando un'arma e morendo in gloria.

Oggi è nato un bimbo quale sarà la sua sorte?
Viaggerà con la famiglia per terra e mare
Avrà una terra promessa, o avrà la morte
Quel mare quante vite ancora deve sacrificare

ASPETTANDOTI

Questa stupenda giornata assolata
L'ho vissuta triste, annoiata
Tu non c'eri, ho sentito la tua mancanza
Vivo, ancor per una speranza.

Senza te al mio fianco
Mi sento sono solo, abbandonato
Voglio viverti da innamorato
Mi manchi! Ho il cuor gelato.

Mi mancano i tuoi baci, il tuo amore
Delle carezze sento la mancanza
Il tuo guardarmi negli occhi mi manca
Le tue mani sulle mie il cuor rinfranca.

Ho la morte nel cuore
Sto piangendo il nostro amore
Gli occhi son stanchi di guardar una foto
Vogliono specchiarsi nel tuo sguardo.

Le mie labbra si freddano poco a poco
Aspettano le tue labbra di fuoco
Quanto amore per te tengo in serbo
Come un ragazzo, d'amor acerbo.

BAGNO D'AMORE

Ti vedo nuda mentre fai la doccia
L'acqua scorre fumante sul tuo corpo
Ti stai lavando, ti stai toccando tutta
Il bagnoschiuma prende il mio posto.

La tua pelle morbida come la seta
Mi attira a te come fosse calamita
Ti vedo bella, con gli occhi di un poeta
Ti carezzi il corpo con le dita.

Vorrei essere sul tuo corpo e darle vita
Sentire il tuo respiro sulla bocca
Carezzandoti la pelle inumidita
La mia mano il tuo corpo sfiora, tocca.

Berrai e berrò di te ogni risorsa
Mi darai amore, di te berrò alla fonte
La passione i corpi avvolge nella morsa
È amore, quello che abbiam di fronte.

Il respiro si affanna, la tua bocca sussulta
Il tuo corpo vibra sotto la mia bocca
Il tuo piacere lo gusto come frutta
Freme il tuo corpo all'espugnata rocca.

Ogni bacio, ogni carezza, su di te mi porta
Mi sentirai come un martello sulla roccia
Viaggerai con me nell'oblio, senza sosta
Spengerò i bollenti corpi sotto la doccia.

BALLA

Balla bella sulle dune
In questa sera di piena estate
Balla, balla, come una fata
Gira saltellando, fata innamorata.

Gira, gira, ridendo come una matta
Cadi tra le mie braccia, gira la tua testa
Come un lupo, prendo la tua bocca
Gira, gira bimba, vedrai ti tocca.

Baci e ridi con gli occhi chiusi
Giriamo assieme come due fusi
Poi giù per terra, fine del gioco
Nei corpi incollati, divampa il fuoco.

I costumi indossati volan lontani
Il tuo cuor oramai è nelle mie mani
Nella sabbia dei corpi l'impronta
Bimba mia, stasera ti tocca.

Questa sera limpida di stelle e luna
Nei miei occhi si specchia la tua chioma
Sei bella! Bella, da far male
Con la mia bocca, assaporo il tuo mare.

L'onda sbatte nella risacca, il cuor bagna
Questo affamato lupo, vaga la tua campagna
È un'avventura di un affamato lupo
Questa sera di stelle, luna e bollente fuoco.

La mia vittima è una creatura divina
Sazio della mia fame il cuor mio si inchina
Ululo alla luna la mia saziata fame
In altri giorni, altri assalti, darò quel che rimane.

Ho piantato con passione e ardore
Il seme di nuova vita, nuovo amore
Nasce dal fertile ventre della mamma
si nutre dal seno, come dal ciel la manna.

Un fiore, germoglia ogni giorno in pancia
si sviluppa, prende forma, cresce, mangia
Come fiore nella terra a suo tempo spunta
Un trauma per chi trova aria nuova, asciutta.

Una rosa vellutata è spuntata alla vita
Guardate, ammirate, quest'esserino si agita
Rosata, morbida la sua pelle, come seta
Assomiglia tutta a me, dalla a alla zeta.

È un fiore, una rosa, sbocciata nel mio giardino
Nell'anziana età il tuo bastone, sarà a me vicino
Ti proteggerò nel tempo da insidie velenose
Dalla pioggia, da venti gelidi, fan male alle rose.

Crescerà forte e robusta, in primavera metterà fiore
Sbocceranno i tuoi petali profumati d'amore
La rosa del vicino si inchina ad ogni tuo olezzare
Un giorno il tuo fiore altro fiore vorrà assaporare.

Ad altra vita ti legherai, germoglierai altre rose
La mia vita non sarà più il coltivar, dove ti pose
Su quel bastone di rosa, riponevo i miei orgogli
Non avrà per me tempo, dovrà curar i suoi germogli.

BELLA! SEI BELLA

Bella mi appari, come una Dea
Costume stilizzato, rossetto sulle labbra
Ti tuffi in acqua come un delfino
Seduto ammiro il tuoi volteggi.

Torni a riva mostrando le tue forme
Dio mio, il suo corpo proteggi
Due gambe scolpite sul marmo
Corpo sinuoso e petto in alto.

La tua bocca ciliegia amaranto
Gli occhi brillano da maliziosa gatta
Ti avvicini mia diva, ondeggiando
Ti sdrai sul telo, posto al mio fianco.

Bella, sei bella, mi dai un bacio a stampo
Il tuo corpo al mio fianco tremar lo sento
Non mi par vero, tanta bellezza io tocco
Un bacio sulla bocca, un sospiro profondo.

Questo è l'amor della mia stagione
Di un'età che il cuor ancor si sorprende
Accompagnando la vita alla felicità infinita
Un amore profondo senza la parola fine.

BIANCO MANTO

Cade soffice e copiosa,
coprendo senza fretta ogni cosa,
silenziosa cade ovattando ogni rumore,
dalla finestra guardo coriandoli
incolore.

Ogni vento in breve tempo è cessato,
il cielo si è trasformato in un velo
gessato,
cade la neve, ricoprendo di bianco
manto,
il cortile, il giardino, il prato, tetti e
asfalto.

All'orizzonte tutto ha chiuso con un
telo bianco,
un uomo nella strada cammina, sembra
stanco,
fatica nel calpestare quel friabile manto,
un passero dal nulla spunta, mi sembra
matto.

Di bimbi sento il vociare nell'antistante
piazzale,
coperti con colorati giubbini, copricapo
del mondiale,
saltano, cadono, si travolgono, si tiran
palle di neve,
schiamazzi coprono il silenzio, la loro è
gioia, si vede.

Si appanna con l'alitar il vetro della
finestra,

dovuta alla temperatura esterna molto
diversa,
sul davanzale si alza la soffice neve,
questo anno bisestile, il regalo di Natale
ce lo deve.

Assorto da bianchi fiocchi cader
copiosi e lenti,
alza la coltre su rami e arbusti oramai
dormienti.
vola lontano il mio pensiero, seguendo
il cuore,
penso a te a noi in queste ore, mio
dolce amore.

BIMBI NEL MONDO

Bimbi bianchi, neri, gialli, rossi, non ha
importanza
Tutti belli, nati su continenti diversi su
questa terra
Nati da una donna per amore o per
violenza
Son figli di una madre e di un Dio che
li conserva.

Bimbi nati dalla miseria di povera gente
Bimbi nati e morti da malattie e stenti
Bimbi affamati che guardan la madre
impotente
Bimbi che ingrassano come polli negli
allevamenti.

Bimbi viziati a cui non manca niente
Bimbi nati dall'ignoranza, come fossero
conigli
Bimbi che dalla vita non hanno avuto
niente di niente
Bimbi venduti come schiavi o a chi può
comprarli.

Bimbi finiti in mani di delinquenti e
depravati
Bimbi tra guerre annali senza pace
Bimbi che hanno fame e piangono
disperati
Bimbi che scappano dalle guerre per
una croce.

Bimbi innocenti, adoperati come
puscher

Bimbi che han fame mangian di tutto
senza pretese
Bimbi adoperati come scudi da menti
malate
Bimbi sottomessi e violentati nelle
chiese.

Bimbi uccisi per un padre che nel suo
Dio crede
Strappandolo dalle sue mani e
pugnalato da traditore
Bimbi che resistono alle malattie se il
cuor non cede
Bimbo! Nove mesi per nascere, un
attimo per morire.

CAMMINIAMO ASSIEME

Abbiamo camminato assieme in questi anni,
con alti e bassi, mio diletto amore,
il nostro percorso è irto e pieno di insidie,
camminando a piedi nudi su spinosi rovi.

Assieme abbiamo pianto e sorriso,
ci siam curati leccandoci le dolorose ferite,
ci siamo dissetati bevendo del nostro amore,
ci siamo scaldati stringendoci forte al cuore.

Ci siamo appartati per baciarci, in luoghi persi,
abbiamo ascoltato del gallo i suoi canti,
nei colorati prati ci siamo inebriati di profumi,
alla fonte della sorgiva acqua, ci siam rinfrescati.

Ci sian persi per futili e sciocchi litigi,
mai ci siamo allontanati, dai cuori innamorati,
abbiamo attraversato stagioni d'ogni colore,
l'odorosa primavera con rose, ciclamini e viole.

Abbiamo affrontato estati torride e sudate,
impazziti autunni, di acqua, vento e caldo sole,
inverni imbiancati e freddi intensi da tremare,
camminando stretti l'un l'altro, con
amore.

CONFUSI PENSIERI

Giornata estiva, di sole piena
Mi trascino su questa strada a malapena
Nella mente sto viaggiando, nel mio passeggiare
Il sole ad Ovest, non vuol tramontare.

Avvolto da un'umida aria, quasi un tormento
Arancione è il sole, di un velo coperto
Prevedo per questa notte un caldo afoso
Come zombi su questa strada mi sto trascinando.

Quest'aria umida il respiro mi sta togliendo
Nel passeggio, tento di ricordar il mio amore
Mi domando:- Cosa c'entra l'afa, il sole, con l'amore-
Questo caldo mi toglie ogni pensiero dal cuore.

Tramonta pure sole, vai oltre quelle colline
Oggi hai dato fin troppo calore, or metti fine
Mi ritorna alla mente del mio amore un pensiero
Un amore grande, tormentato, un amore vero.

Son qui sole, non per te, ma per il mio amore
Di lei io voglio ricordar dolcezze e dolore
Tu sempre lì! Non vuoi andare a dormire sole
Questa sera sei un tormento, ma a tutto dai colore.

Ogni pensiero mi passa per la mente
Penso te, sento quest'afa che mi opprime
Triste è il mio pensare, su di lei avevo scommesso
Sole vai a letto, tu zefiro alza questo vento sommesso.

Mi confondi la mente, sole maledetto
Voglio dirti amor mio, torna, torna presto
Quella tua faccia rosea sole, è la sua pelle delicata
Mi stai confondendo, vedo in te la mia amata.

CORTONA

La tua immagine è di un passato
medioevale
Arroccata su un monte, le tue strette
vie
Le tue vecchie case san di cavalli e
carrozze
Cinta da possenti mura e porte di
entrata
Sulla cruna, vecchie mura di epoche
passate.
Le tue strade cittadine di pietre coperte
Portan segni di epoche diverse, tinnar
sento!
Cavalli che tiran calessi e carri di merci
In strette botteghe che ancor trovano
posto.
Cunicoli stretti e sciami di villeggianti
Di ogni lingua, ammirano le bellezze
Dei negozietti della via in ambo le parti
C'è chi entra e chi esce solitario o a
gruppetti.
La piazza a ridosso del muro di cinta
Strabilia gli occhi la sua veduta
Vallate immense coperte di grani dorati
Il lago una macchia blu tra il dorato e il
verde
Sullo sfondo la mia montagna
dell'amata Amiata.
Mi perdo estasiato da tale bellezza
Su questo colle, in questa fresca piazza
I tuoi mercatini nella piazza principale
Sanno di un tempo andato, medioevale
Bella sei Cortona, ti verrò ancora a
trovare.

CUORE SOFFERENTE

Piange il mio cuore non vedendoti
Il mio amor non può stringerti
Non basta un bacio, per telefono
Cerca contatto con il cuore amato.
Mio cuore non ti crucciare, né intristire
Questa sera, puoi vedere, sentire
Lo so, ami la sua dolce visione
Le sue parole d'amore, stringerla al cuore.
Cuor mio, dolce è il tuo sentimento
Stai calmo è solo per te, non per un altro
Stai versando lacrima senza ragione
È lei il tuo tenero amore che fa sognare.
Cerca dentro di te cuore, il nascosto amore
Troverai di lei riserva di dolcezze a non finire
Di lei e delle dolci parole, non farne sciatto
Di baci e d'amor il tuo cuor ha pienato.
Asciuga quella lacrima da egoista
Apri il tuo cuore al suo amore
Ascolta le sue parole e farne conto
Non sempre è stato amore.
Or che lo hai trovato e ti consola vuoi altro
Vuoi il contatto, lascia tempo al tempo
Non esser furioso, né capriccioso
Verrà il momento giusto, sarai beato.
Quel momento tra le braccia a te vicino
La accarezzerò, la bacerò, vedrai sarà
divino
Sento già il tuo eccitamento mio cuore
Serba a lei questo momento, di tenero
amore

DIFFICILE INFANZIA

Ancor dell'uomo ha l'impronta
Tutto vuol sapere, tutto tocca
Girando casa a quattro zampe
Pian piano con le proprie forze
Si alza sulle sue gambe
Sopra i mobili alla sua portata
Quello che trova spacca
Facendolo cadere a terra
Solo la TV lo distrae e imbambola
Usando i cartoni come trappola
Non ha fermezza neppur nel pasto
Fa tremare il tavolo ed il vitto
Eppur parlando in rari momenti
Fa da uomo i suoi discorsi
Guardandolo dritto negli occhi
Capisco i suoi malumori e capricci
Esprime migliaia di vocaboli
Rivolte a persone a lui ostili
Mentre altre volte si chiude a riccio
Diventa impenetrabile
Non sai se fai bene o male
Insistere in determinate cose
Eppur è bello! E' intelligente
Con quel faccione e capello biondo
Con quegli occhi di mare
Robusto e forte nel corpo
Bimbo mio usa il cervello
Usalo! Distingui cos' è brutto cos' è bello
Apri il tuo cuore al bene
Chiudi il cuore e la testa al male
Isola il rancore che puoi provare
Questo è il tuo tempo della gioia
Del divertimento dell'apprendimento

Rinchiudi in un sacco dolore e rancori
Ai piedi di chi ti ha fatto male gettali fuori.

DIMENTICARTI

Mi è più facile amarti che dimenticarti,
per dimenticarti dovrei espatriare,
sarei solo, penserei a te, al nostro amore,
ai tuoi baci, al tuo corpo, alle tue carezze.
Dovrei dimenticare il tuo viso, i tuoi sguardi,
il tuo corpo, fonte del mio sollazzo,
la tua voce che mi chiama amore mio,
i tuoi ti amo, le nostre coccole, il tuo odore.
Dovrei dimenticare la mano che tanto ho stretto,
mi ha accarezzato, mi ha deliziato,
i tuoi sorrisi che mi seducono, mi incantano,
la passione che ci mettiamo nell'amarci.
Dovrei dimenticare, le tue e mie sensazioni,
le emozioni che ogni volta forti le viviamo,
i tuoi malumori, le tue gelosie, le curiose idee,
quei baci dati all'improvviso, inaspettati.
Dovrei dimenticare i tuoi vizi, le tue manie,
fosse solo per un giorno, un'ora, ce la farei,
mai! Credo mai dimenticherò il nostro amore,
fin che l'intelletto, la ragione, vivrà nel cuore.

DIVAGANTE PENSIERO

Stasera il canto del lupo si è fatto sentire,
l'ho ascoltato trepidante, con il batticuore,
lupo la luna non è piena, perché la decanti,
l'amor per lei me lo hai messo davanti.

Questa calda giornata stressa le menti
non è sulla luna, quello che cerchi,
lupo dagli occhi chiari, il cuor non mente,
cercala sulla terra, tra la sparuta gente.

Il tuo ululato confonde il cuore e la mente,
chi ti ascolta sa, che non sei un perdente,
sei un buono, un saggio, tra la gente,
l'uomo esser perfetto, di te non sa niente.

Vivi forgiato dal fuoco, fame e tempesta,
l'uomo uccide chi come lui non la pensa,
un continuo conflitto tra preda e predatore,
tu! Senza padrone, né catena, libero pensatore.

Lupo racconta alla luna la tua poesia,
fa chi ascolta non sia, per invidia o gelosia,
sei un lupo sognatore, hai un grande cuore,
la luna sa, quanto è profondo il tuo amore.

DIVERGENTI SENTIERI

Il nostro intenso viaggio finisce qui,
il bivio dell'amore è fatto di no e sì,
il sentiero che hai scelto è stretto,
non è fatto per due, uno accanto all'altro.

Hai preso il sentiero e spento il cuore,
una via impervia buia e senza amore,
neppur le stelle la vogliono illuminare,
la luna si è nascosta non ti vuol aiutare.

Attraverserai una profonda notte di pianto,
ad asciugar le tue lacrime io non sarò accanto,
addio questo è il mio sentiero verso la luce,
abbastanza grande per due, all'amor conduce.

Sul mio sentiero fiori ai lati fan da cornice,
ad una stupenda cascata che l'occhio stupisce,
schiamazzanti fate fan il bagno lungo le rive,
stupendi cavalli portano sul dorso ammalianti dive.

Questo sentiero dell'universo porta lo splendore,
delle lucenti stelle del cielo il brillante chiarore,
della nature il verde brillante e stupende fioriture,
il frastuono di un'onda che si infrange nel mare.

Vorrei tornare indietro a quel bivio e chiamarti,
la scelta è la tua, nessuno ha il diritto di fermarti,
due vite si dividono, due anime si perdono
due cuori si infrangono, su sentieri che
divergono.

DOLCE RICORDO

Una notte passata insonne,
percorrendo ogni strada del pensare,
così i miei occhi stanchi ritrovan l'alba,
la mente stanca, non vuol riposare.

Gli occhi assonnati, nella testa strani ronzii
ma ancor il costante pensiero la mente avvolge,
bellezza mediterranea ti vedo nei miei occhi,
lunghi capelli, malizioso sorriso mi attanaglia.

Consolami occhi di gatta, lo sconsolato cuore,
dai sonno ai miei occhi, con una notte d'amore,
il tuo sguardo arriva all'anima, sfoglia la mente,
come un libro mi leggi il passato, futuro e presente.

Ti nutri di me, come io fossi assente,
come uccello che vola tra i rami di castagno,
come fossi un angelo, sfiorando l'azzurro cielo,
un aquilone trova spazio tra i venti, io nel tuo cuore.

In questo sogno di noi, mi porti in volo lontano,
mano nella mano su verdi prati, tra carezze e baci,
in una pioggia improvvisa ci abbracciamo,
il canto degli uccellini, i grilli canterini, un ti amo.

Giunge la sera, mi ritrovo tra le mani un fiore,
lascia la scia sul mare il sole, arancione, il tuo colore,
il sogno di averti, stringerti, baciarti, amarti,
si chiude con un ricordo dolce come il miele, ti amo.

DONNE

Donna così fragile come cristallo
Come la foglia trema sul vaglio
Un soffio di vento vi stacca dal ramo
Svolazzate leggiadre sul cuor dell'uomo.

Delicate e perfette, vestite di fine sete
Come neve al sole, all'amor vi sciogliete
Petali di rosa il colore e stesso profumo
Deliziose, maliziose, in una nuvola di fumo.

Siete delicate come cristalli in mani sbagliate
Basta un nulla, vi perdete, vi adombrate
Ma come diamanti, basta un respiro rifiorite
Siete mogli, madri e d'amor a volte soffrite.

Siete germogli di tenere rose scarlatte
Vi aggrappate se amate come un rampicante
Profumate la via dell'amore con tenacia
Su di voi non v'è ombra che al cuor taccia.

In altri tempi schiave eravate dell'uomo padrone
Oggi il sole e la luna son la vostra stagione
Libere di brillare nel firmamento come stelle
Ognun di noi pronto a proporsi, alle
più belle.

ESTIVA GIORNATA

Al mattino il sole fa capolino,
la luna indispettita,
dall'altra parte se n'è andata.
Da dietro il monte spunta lucente il
sole,
con i suoi raggi illumina ogni anfratto,
fra le foglie entra un raggio.
Un merlo mezzo addormentato si
riscalda,
apre gli occhi, si stiracchia,
vola via nella macchia, a terra va a
razzolare
per poter qualche vermicello mangiare.
Mentre il sole cresce a mezzogiorno,
l 'aria diventa un forno,
ogni animale cerca riparo,
il contadino va verso la cascina,
per placar la sete entra in cantina ,
dove gusta con piacere di vino un
bicchiere.
Intanto il sole volge al pomeriggio,
ed ogni essere vivente fa la
pennichella,
meno uno, la bisca o serpe che si dica,
si crogiola al sole, quanto serve,
si allontana lasciando la vecchia pelle .
Il sole cala si va verso sera,
c'è un brusio di canti e di schiamazzi,
l'aria è raffrescata, il bosco si è
rianimato .
Il contadino torna nei campi a lavorare
quando si fa scuro, la luna luminosa
gli indica la strada per tornare a casa .

ETA' CHE VA

La vita racchiude in se le sue storie
Con le amarezze, le tante gioie
Le sconfitte, le poche vittorie
Le tante paure, le perse glorie.

Tutto questo vien registrato lì
In quello spicchio della mente
E quando tu ne fai ricerca, te li rende
Le rivivo ad uno, ad uno, occhi e mente.

Riflettendo in quel momento più di all'ora
Aggiungendo una critica, un'emozione
Dando a me stesso, torto o ragione
L'impulso di quel tempo rimane quello.

Dell'amor ricordo ogni particolare
A volte fa sorridere, a volte ancor fa male
Quel tenero amore, difficile da scordare
Qui tutti al cuor ancor li sento arrivare.

Quando mi sentivo il Re del mondo
L'età di oggi mi dice; quanto eri sciocco!
La gioventù è bella, allegra, spensierata
Sono quei momenti, di ogni cazzata.

Vivo un'età, discendente, perdente
Non c'è più quel ventenne, disobbediente
Quel giovane che nell'amor, era furente
Quello che rimane, è il ricordo nella mente.

Ogni vento sfiorandomi, toglie le forze
Ad ogni pensiero d'amor chiudo le porte
Non è più il tempo di palpiti d' amore
Questo è il tempo di preservare il cuore.

ETERNO AMORE

In questa fresca, tardiva primavera
Faccio la mia passeggiata ogni sera
Sotto le luci soffuse dei lampioni
Poca gente, tanti passeggianti cani.

Penso a te, a noi, nel mio andare
Ai nostri momenti, teneri d'amore
Oramai affievoliti anche nel cuore
La gelosia ha preso possesso, dà
dolore.

L'aria fresca della sera mi consola
Anche se preferisco il mattino, l'aurora
Questa sera mi accompagnano i ricordi
Di questi giorni freddi, bui, dolorosi,
sordi.

Ci siamo giurati, un amore grande,
eterno
Oggi mi trovo nel profondo
dell'inferno
Non penso più a un nostro avvenire
Dimenticherò i ricordi e il nostro
gioire.

Oggi penso a te, come un amore fra i
tanti
Un amore da prendere, in certi
momenti
Mai più tornerà quell'innamoramento
La gelosia ha chiuso il cuore con il
cemento.

FAME NEL MONDO

Ho mangiato il pasto nella mia casa,
da servi ben servita, complimenti alla
cuoca.
Mentre ti ingozzi ogni giorno, pensa!....
c'è gente che non ha niente,
ci sono persone povere che hanno
fame,
fanno la fila alla mensa per un pasto,
un pasto caldo una volta al giorno.
Pensa! C'è chi va a procurarsi il cibo
avanzato o scarti nei bidoni dei
ristoranti.
Pensa! Ci sono nel mondo bimbi che
vivon di stenti,
malattie dovute al mal nutrimento
ogni minuto ne muore uno, pensa in
un giorno!
Pensa! Popoli affamati da tiranni,
tu mi dici:_ Mio Dio
-sto male, ho mangiato fino a
schiantare_
Pensa! Ogni giorno dell'anno ognun di
noi,
nel mondo, fa morire dei bambini di
stenti
venuti al mondo innocenti.

FAVOLA

Racconterò una favola con cuore
Di un ranocchio diventato principe per amore.

Per il tuo amore, scalerei montagne fino il sole
Tu principessa donar mi devi il tuo cuore
Il tuo sguardo nei miei occhi scrive dolci parole,
L'ultima che ho letto diceva:- ti amo mio signore-
.

Viviamo distanti, ma sempre cuore a cuore,
Tu innamorata mia principessa di altro tempo
Per te affronterei i demoni degl'inferi con furore
Pronto a donarti vita eterna, facendo di lor scempio.

Dolci parole, per te mia principessa tengo in serbo
Quando quel dì, di baci soffocherai la mia bocca
Allor ti porterò nel mio cuor, d'amor acerbo
Viaggerai nei miei occhi navigando in mare aperto.

Con te viaggerei fin dove la fine del mondo esiste
Un viaggio senza itinerari, senza meta
Dove le parole d'amore negli occhi son scritte
Dove le carezze e i baci viaggiano su pelle di seta.

Ti racconterò una favola con lieto fine
Sarai la mia amata principessa dalla bocca di rosa
Vivremo in un castello su un materasso di crine
Vivrai da regina e d'amor coprirò ogni tua cosa.

FIGLI DI PAPA'

A te che guardi il mio vestire
e me stesso con disprezzo e
un po' schifato.
Te che giudichi l'operato
dell' uno o dell'altro,
hai mai provato
a camminare scalzo su un prato?
Hai mai provato
a camminare sotto la pioggia
guardando in alto?
Hai mai ammirato
un dipinto
o un pezzo di marmo scolpito?
Hai mai visto
una donna da toglierti il fiato?
Hai mai provato
ad accendere un fuoco?
Hai mai fatto l'amore
dietro un altare?
Hai mai fatto un bagno
in una pozza di un fosso?
Hai mai provato
a lavorare sotto un cocente sole?
Hai mai provato
a dar del tu
ad una persona importante?
Io l' ' ho fatto con te
fino adesso,
sono immensamente contento.
Se non hai mai fatto
nulla di tutto questo,
che vita hai fatto.?
Puoi aver soldi a palate,
puoi esser Principe,

Re o Conte,
ma te non hai goduto e visto niente.
(gli anni della contestazione giovanile)

FIORE TRA I FIORI

I miei occhi saranno la tua luce
Un cielo stellato, che taglia la voce
Tu del cuor il pastore che conduce
Dell'amore, la mia croce.

I miei occhi senza te non han pace
Ti denudo come tu fossi una
margherita
Brilla il corpo alla luna come la brace
Mi ama, non mi ama, sei la mia vita.

Bella, sei bella, ondeggi nella
camminata
Il mio cielo ti attrae in questa serata
Su quel prato fiorito una rosa si è
posata
I tuoi colli irti sobbalzano all'ondata.

Ogni fiore china la testa, alla tua
bellezza
Mi chino su di te, regalandoti dolcezza
Sei figlia dell'amore, ti sfiora la mia
carezza
Di questo fiorito prato sei la
principessa.

Di questo dipinto quadro, sei il pittore
Ti cingo ai fianchi per darti emozioni
Della poesia a te dedicata, sei l'autore
Sotto questo cielo stellato quante
passioni.

I canti dei grilli non son disegnati
Una falena sfiora i nostri nudi corpi

Lei non canta la serenata a noi
innamorati
Mentre la lucciola si spegne nei nostri
abbracci.

FONTE DELL' AMORE

Rosa del mio giardino
Acqua del mio pozzo
Rugiada che rinfresca la mia giornata
Sorgente di vita risveglio dell' anima.
Raccoglierò per te tutte le stelle del cielo
Per far la notte meno oscura
Riflessi nel ciel vedremo le nostre vite
E i nostri cuori impazziti d'amore.
Siamo boccioli di rosa pronti a sbocciare
Per la vita, per l'eternità uniti in unico stelo
Coltiviamo i nostri cuori con amore
Come se l'amore fosse coltivare un fiore.
Ad ogni sorgente che sgorga acqua
Raccoglierò una goccia, una lacrima per te
Per innaffiare la tua bocca di rosa profumata
Ruberò un diamante alla rugiada, mia amata.
Voglio risvegliare il soave gusto della vita
Lascia che la goccia di diamante ti carezzi
Ti prenderò per mano conducendoti all'oblio
Mentre di baci la tua bocca pieno.
Lascia che tutto avvenga per segno di Dio
E il tuo amore ogni giorno mi riempia il cuore
Lascia che i nostri cuori si dissetino
Alla fonte che ci ha unito nell'amore.

GELOSIA

Ogni aurora, ha un tramonto
Ogni lacrima, segue un pianto
Per l'amore, c'è sempre un tempo
Ogni età, ha il suo tormento.

Ero in pace con l'anima e il cuore
Sei arrivata tu! Proponendomi amore
Uno splendido amore, caldo e deciso
A volte intenso, a volte capriccioso.

Abbiam rubato alle stelle il chiarore
Al sole, la luce ed il suo calore
Abbiam dormito, in numerosi letti
Trascorrendo, splendidi momenti.

Abbiam camminato su strade e prati
Facendo l'amore, in posti impensati
Hai dato la scossa a un sopito cuore
Dando sempre tanto, tanto amore.

Oggi mi insulti, con sciocche gelosie
Ma tu non sei santa tra le pie….
A nessun'altra, ho dato parole d'amore
Mi hai ricoperto di insulti, con furore.

I tuoi baci dati, non te li posso ridare
I baci che ti ho dato, tienili nel cuore
Hai sciupato tutto, del nostro amore
Lasciando una scia di dolore, nel cuore.

GENERAZIONE

Ringrazio Dio creatore
Di ogni essere di umana gente
Io ti ringrazio personalmente
Di aver creato la mia Pro gene
Ringrazio tutti i miei Avi.
Per almeno sette generazioni
In particolare i miei genitori
Che mettendomi al mondo
Han continuato la sua genia
Io dal mio punto altrettanto ho fatto.
Dei figli, ho messo al mondo
Ora toccherà ai miei nipoti
Continuare, se lo vorranno
Le nuove generazione si estinguono
E i paesi di ogni color si tingono.

GRAZIE CUORE

Dio creando l'uomo ha messo
Tutti gli organi umani
Al posto giusto, dove son vitali
Ringrazio Dio come chirurgo
E i miei che mi hanno generato.
Ringrazio pure te cuore
Che ogni giorno fai il tuo dovere
Chiedendo solo di star tranquillo
E di non farti troppo affaticare
Mai un secondo di riposo hai chiesto.
In questo tempo assieme trascorso
Sei il primo ad innamorarti cuore
Facendomi sentire il tuo galoppare
Ed ogni notte nel mio riposo
Tu continui il tuo lavoro.
Il tuo toc, toc, non cessa mai
Mai ti puoi distrarre o assopire
Hai un corpo e un cervello
Da tener vivo, ossigenare
Incessante il battito deve proseguire.
Nel corpo che ti appartiene
Hai tutti i meriti, settanta meriti
Ed anche oltre al minuto
Ti ringrazio di avermi protetto
Nel sonno e nella vita di ogni giorno.

IL MIO CANE

Bene bravo mi hai scelto!
Ti son piaciuto!
Pure te mi sei simpatico!
Sono un cucciolo,
ora ti annuso, poi ti lecco
per dimostrarti il mio affetto.
Vedrai! In fretta cresco,
Non sono esigente;
un po' di latte e un pasto
mi bastan per crescere,
qualche carezza ogni tanto
e poi gioca con me, tanto.
Da grande ti prego
Non legarmi a catena,
Non mettermi il guinzaglio,
Ti prometto; sarò sempre al tuo fianco.
Mi basta un piccolo giardino
E un posticino per il bisognino .
Non sgridarmi troppo se sbaglio,
Mi basta un segno ed io capisco,
Fammi le carezze e parlami
Vedrai sarò ubbidiente.
Insegnami il comportamento giusto,
Non ti farò sfigurare.
Non dimenticarti di farmi giocare,
Io ogni giorno la tua presenza voglio
sentire
Ed il consenso anche per abbaiare.
Ogni tanto fammi il bagnetto
Bau , bau ma … ogni tanto.
Il pasto abbondante or che son grande,
Non ti chiedo tutti i giorni carne
Vedi tu;Non sono esigente ,
Quello che mi dai va bene

Aah dimenticavo ma tu non lo
dimenticare:
Una ciotola d'acqua per bere.
Non abbandonarmi! Ne potrei morire.
Non picchiarmi! Parlami, saprò capire
E da vecchio o da malato
Non farmi soffrire troppo,
Guardami negli occhi, ti farò capire
Che è giunto il momento: basta
un'iniezione .
 Smettendo così di soffrire
Sarò contento; l'ultimo saluto
Nei miei occhi, per te sarà racchiuso.

IL TEMPORALE

Il cielo si è chiuso,
un frastuono di tuoni ,
lampi che solcano il cielo,
il vento che sposta le nubi
frastagliando fra i rami,
è in arrivo,
sento già le prime gocce.
Il temporale si intensifica,
facendo correre la gente al riparo
il contadino dai campi.
L'acqua cade copiosa,
facendo scorrere l'acqua dai tetti,
pienando tutti i fossetti.
Scorre veloce giù dal pendio
fino a raggiungere l'alveo del Rio,
rotolano i sassi, sterpaglia e foglia,
tutto nel Rio l'acqua convoglia.
Un ramo troncato,
nel Rio si è attraversato,
creando una diga,
con sterpaglia e foglie.
Piove copiosa oramai da un po'
tuona, rimbomba, tira vento,
mamma mia, che brutto tempo,
speriamo si calmi.
Intanto la dighetta creata dal Rio,
verso i campi è straripato,
creando dei solchi larghi e profondi,
portando con se terra e sementi.
Come ha iniziato,
tutto d'un tratto ha cessato,
si sente il frastuono dei Rii sottostanti
scendono a valle, portando con se
sassi, foglia e sterpaglie.

I tetti ancora stanno a sgocciolare,
i merli ricominciano a cantare,
l'odore della terra che ribolle,
il dolce frusciare delle foglie.

IL CARCERATO

Vorrei essere un'aquila,
per volare su in alto e planare,
Sulle zone montane e pianure lontane,
vorrei vedere dall' alto paesi,
città e quant'altro la vista vede,
sentire il vento che ti carezza,
le nuvole che ti fanno da manto.
Con i miei occhi aguzzi,
raggiungere il nostro nido,
vederti nel nostro giardino
mentre cogli una rosa,
osservarti nella nostra camera,
mia giovane sposa.
Io vorrei essere la tua coperta,
il piumone, che ti avvolge di calore,
vorrei essere il lenzuolo,
per sfiorare la tua profumata pelle,
i tuoi seni, il tuo corpo,
farti sentire il mio ardore,
mentre colgo il tuo fiore.
Vorrei che questa notte
non avesse mai fine, mai,
vorrei che l'aquila in me,
rimanesse al suo nido,
questo lenzuolo che sa di noi
non venisse mai lavato.
Vorrei che questa cella,
fosse senza sbarre, ne chiusure,
passare 960 settimane
senza te amore, sono dure, tante,
si danno pace al cuore
anche le spose, più devote e sante.

IL COMPLEANNO

Tanti auguri di buon compleanno,
cento di questi giorni
e ogni giorno duri un anno,
la tua età non voglio rivelare,
sei fresca e bella come un fiore.
Festeggia e pensa a me
che sono lontano da te,
sono giorni che non ci vediamo,
ma ti ricordo che sempre ti amo.
Io ti penso sempre
e vedo nei miei occhi il tuo sorriso,
la tua simpatia e tanta voglia
di essere felice.
Ti auguro tutto il meglio che desideri,
mia musa ispiratrice.

IL GIARDINO DELLE ROSE

In un giardino coltivato a rose,
mai troveran posto pungenti rovi,
né piante infestanti, né spinosi pruni,
solo le rose dell'amore attecchiranno.

Nel giardino del mio cuore,
ho piantato una rosa d'ogni colore,
le annaffiavo con amore una per volta,
accorgendomi che le altre appassivano.

Nel giardino dell'anima ,
ho piantato bellissime e rare orchidee,
le ho curate ogni giorno con baci e parole,
han fiorito per giorni, appassite in poche ore.

Nel giardino dei ricordi,
ho piantato inebrianti viole,
mi hanno stordito per giorni, tra varie pretese,
le ho sradicate gettandole nell'ignoto.

Nei giardino dei miei occhi,
ho piantato una rosa vellutata color del fuoco,
ogni giorno la innaffio con bagni d' amore,
spruzza profumo, a ogni mia attenzione.

IL NOSTRO AMORE

Quel giorno rimarrà chiuso nel cuore
Fino la fine dei tempi, ma non dell'amore
Mi ricordo il nostro primo appuntamento
Vidi la tua bellezza, venirmi incontro.

La timidezza, l'imbarazzo, dei miei labbri
Mi impedivano di baciarti, parlarti
I tuoi occhi fissi su di me, su di te i miei
Ciao… le bocche assieme, come stai!

La timidezza, tagliava il respiro, ambo le parti
Le labbra, si accostavano per baciarsi
Ti baciai, avevo paura di non saperti amare
Ora che ti amo, sul mio cuor ti lascio navigare.

Ma l'amore ha i suoi comandamenti
La gelosia, la lontananza, son alcuni di questi
L'amore è forte, forti i sentimenti
Ma in me, forte è la paura di perderti.

Ti amo rosa rossa sbocciata in Maggio
Aiutami ad amarti e dammi coraggio
In questa età che va, diamoci amor certo
Placando nel cuor il doloroso tormento.

IL PASSATO È PRESENTE

Ho vissuto dolci e splendide emozioni,
scrivo ogni dì dei ricordi, le sensazioni,
istanti senza tempo passati attraverso me,
immagini sbiadite, dai troppi perché.

Conservate per ricordar che ancor son vivo,
dimenticarli è come non esser mai esistito,
la scuola, gli amici, il primo bacio, il gioco,
l'innamoramento, fremi e bruci come il fuoco.

Le lacrime versate, per un pianto disperato,
per amore, per dolore, per un guaio combinato,
impari a vivere se alle spalle hai un passato,
impari a capir gli altri solo se hai relazionato.

In una mente ottusa non entra vento, né parole,
stringo forte a me questi ricordi con amore,
li tiro fuori quando la tristezza si fa sentire,
quando il cuore chiede dolcezze e vuol gioire.

Sei la mia musa poesia, mi addolcisci le serate,
vorrei farvi sentir il mio cuore, in certe giornate,
vi racconterebbe ciò che a parole non so dire,
vi parlerebbe del mio grande e dolce amore.

IMMENSO AMORE

Sei la gioia dei miei giorni,
sei la passione, forte degli anni,
sei la passione d'amore intensa,
sei quella bocca che alla mia pensa.

Berrò dalle tue labbra amore,
fonte del mio cercar in te piacere,
non mi fermerò davanti al tuo corpo,
lo attraverserò in ogni anfratto.

Tremerà il tuo corpo sotto la mia bocca
scivolando dolcemente sulla pelle bianca,
come onda del mare il piacer bagna,
vibrando come l'albero della cuccagna.

Due corpi uniti, appiccicati in un sol corpo,
lasciati trasportare dall'onda che ti vien contro,
abbandonati fra le mie braccia possenti,
dammi l'amore, ti regalerò splendidi momenti.

Come un pianista, sfiorerò le note del cuore,
suonerò nella tua mente la sinfonia dell'amore,
viviamo questo momento, come fosse il primo,
assaporando i nostri corpi uniti dal destino.

INCANTO DI UNA TERRA AMATA

Mi immergo in te vallata
ai piedi del Monte Amiata,
ovunque domino lo sguardo
dal verde cupo dell'abete
al delicato colore del faggio.

La tua imponente croce
la ricopre un velo di nebbia
avvolto è il cielo di scuro turchino,
nell' ultimo volo della sera
ondeggia maestoso il falco.

Il falco pellegrino plana sulla faggeta
in cerca di cibo, qualche scoiattolo,
risponde tornando ancora in alto,
al querulo verso di una poiana
che plana leggera nella vallata.

E' sera! S'affaccia timidamente la luna
tra le fronde di una folta abetaia
pian piano si oscura il cielo,
le prime luci nelle antiche borgate
arroccate sui pendii del monte.

non vorrei più staccarmi da questo incanto,
odo in lontananza l'ululato del lupo,
un brivido percorre tutta la mia schiena,
in alto rifulge splendente l' adorata luna,
lascio i miei battiti in questa terra tanto amata.

INCANTO

Bella! Immensa! mi appari di fronte
Vestita solo d'amore
Placa la tua seta a questa fonte
Tu dolce amor mi hai rapito il cuore.

Disseta questa mia bocca di baci, avrà
pace
Ruberò dalle tue colline e vallate un
fiore
Ogni punto toccato la tua bocca non
tace
Viviamo le nostre giornate d'amore.

Sei una rosa, un'orchidea di campo
Rubi la luce ed il calore al sole
Sdraiata su quel prato sei un'incanto
Sei la dolcezza, la bellezza, figlia
dell'amore.

INFANZIA E ADOLESCENZA

Che vita ho fatto!
L'infanzia è stata come tante altre,
da infante ad adolescente sin dalla prima scuola
vivevo in campagna, andavo tutti i giorni
della settimana a cavalcioni della strada bianca.
D'inverno a cavallo al mio destriero bianco,
con la neve al ginocchio,
la neve attutiva nel cammino
il rumore dello scarpone ,
arrivando a scuola bagnato zuppo ogni mattino.
Dai professori avevo riscontro,
sei bravino; ma non ti applichi molto
questo è sempre stato il mio rimbrotto.
In italiano sei bravo, i temi son poemi,
in matematica hai qualche lacuna di troppo
non nei problemi, nell'elevazione dei numeri,
la condotta, non è da farci un quadretto.
Fino l'ultimo trimestre costantemente sette
le lacune, son tutte nell'applicazione,
la mia applicazione tornato dalla scuola,
era badar pecore e buoi fino sera.

INNAMORATO DI TE

Carezzami il cuore se mi ami
Passa dolcemente sulle mie labbra le
mani
Farmi sorridere , anche solo un
momento
Oggi il tuo amore a me vicino non lo
sento.

Vienimi accanto, mettiti dentro il mio
braccio
Lo so! È da tempo che non ti
abbraccio
Sono triste amo mio e ti sento da me
distante
Sei fredda, cupa, come il vento di
levante.

Baciami sulle labbra, strusciati,
respirami
Siamo soli io e te, non in piazza d'armi
Guardami! Come sai far tu! Nei miei
occhi
Mi parrà che il cuor mio tocchi.

Poggia la testa sul mio nudo costato
Sentirai lo scalpitar di un cavallo
impazzito
Accosta la tua faccia sulla mia nuda
pelle
Chiudi gli occhi, vedrai l'azzurro
coperto di stelle.

Inumidirò le tue labbra con la mia
bocca

Passerà ogni tipo di rabbia, dove la
bocca tocca
Stringerò a me il tuo corpo, come
fuscello
Sentirò il tuo respirar affannato, sarà
bello.

So che mi ami, non puoi far
l'indifferente
Rimbalzando come una pallina nella
tua mente
A volte agisco male, da vero
incosciente
Sono qui! Qui con te, questo è
importante.

Con te accanto sparisce ogni dolore
Sei della rosa l'essenza, il profumato
fiore
Dono tutto me stesso al tuo amore
Lascia che galoppi in te, il mio furioso
cuore.

INOPPORTUNO MOMENTO

Certo hai avuto un bel pò di..........
Fortuna , per un pelo
Ti sei salvato, è un miracolo.
Quelli dietro di te nessuno
Si è salvato, tutti giù
Te e l'ultimo vi siete salvati.
L'ultimo era rimasto indietro
Anche lui è stato fortunato
Il destino l'ha salvato
Non era la sua ora
Ma pensa si è fermato
Per allacciarsi una stringa alla scarpa.
In quel momento Boooom, tutto è
crollato
Il destino c'è per ognuno
Certo, ti sei salvato perché primo,
lui si è salvato perché era l'ultimo
Poveri loro che fine hanno fatto
Si vede che era il loro momento.
Per fortuna te avevi già messo
I piedi fuori da quel baratro
E quella piantina dove ti sei attaccato
A retto, poi eri già in equilibro
Non hai visto quando andavano giù
che strazio.
Però anche l'ultimo che prontezza!
Quando ha visto il ponte staccarsi
Il piede ha ritratto in tempo
È questione di fortuna e riflessi
Io non so come avrei reagito
Il padre Eterno l'ha salvato.
Sta parlando da un'ora, dice
Cose stupide, senza senso
Io non mi riprendo dallo spavento

E non riesco a farlo tacere
Sto tremando ho il cuore che batte
Come gli zoccoli di un cavallo
imbizzarrito.

LA NOSTRA STORIA

Cerco una stella
che mi guidi dove sei,
vorrei vederti con gli occhi miei
cosa fai, se ancor mi pensi
ora che tutto si è spento
dietro quei discorsi persi;
rivivo i passi, pensando a noi
a quello che poteva nascere.
Ciò che poteva essere
e non lo è stato,
rimango nel passato
capisco che è tutto finito ;
cancellato,
come il tuo scritto sulla sabbia
rapito dalla pioggia.
Non c'è più fretta,
 dentro il mio cuore restano parole,
ciò che non hai capito
cosa da te stavo cercando.
 Non sto fingendo,
ti volevo quando era il tempo,
queste mie parole sono parole ,
che in fondo al cuore fanno male.
Che c'è di male,
sognandoti mi sono perso
dietro a inutili parole
che non lasciano nulla
ma fanno male,
feriscono l'anima,
fanno piangere il cuore.
Ora resto senza più parole,
cala la notte,con il suo velo scuro
copre quel poco che vedevo di chiaro,
ma domani sarà ancora giorno,

così per sempre, anno dopo anno,
mentre sulla nostra storia
per sempre il buio, sta calando.

LA VITA

Un'alba splendida che l'animo rasserena
Uno splendente sole scalda, illumina
Un cielo turchino si confonde con il mare
Stelle e luna nella notte per sognare.

Sulla terra vita rigogliosa si rigenera
Flora, Fauna, Mammiferi su questa sfera
Questo Eden pieno di vita e attrazione
Dove i giorni e i mesi alternano la stagione.

Il nascer di una vita è il miracolo della genesi
L'ape porta nettare all'alveare, rubato ai fiori
Il bruco fino ieri schifoso, viscido esemplare
Muta in farfalla, bella, d'ogni colore, sa volare.

Ogni vegetale, singola pianta o arbusto
Nella sua stagione metterà foglia , fiore e frutto
La Fauna, la poca rimasta per i troppi predatori
Farà la sua covata per sollazzar i cacciatori.

I Mammiferi su questa terra son prede e predatori
Solo una parte di loro son vegetariani
Alcuni han bisogno di tutti gli elementi della natura
Questi sono i mammiferi umani e fan paura.

L'ABBRACCIO DEL LUPO

Lente passano le ore
Fremente il battito del cuore
Una lunga attesa, estenuante
Per il cuore e per la mente.

Attendo la tua bocca da baciare
Dolce il tuo sospiro da respirate
Ti devo avere! Ti ho ad ogni costo
Ogni tuo fremito lo sento addosso.

Abbracciata a me, punge il tuo petto
Baci sulla bocca lascian il rossetto
Il tuo respiro rianima la mia vita
Il nostro amore è una storia infinita.

Placherò il cuore del tuo desiderio
Ti amo micina! Ti amo davvero
Come una gatta fai le fusa
La mente si turba, inebriata, confusa.

Mi baci, ti strusci, mi accarezzi
Il controllo perdo in quei momenti
Come un lupo a me la sottometto
Strappandole di dosso ogni indumento.

Occhi su occhi e sconvolte menti
I corpi che si inarcano frementi
L'ululato del lupo, è il mio potere
Sottomettendoti ad ogni mio volere.

Anche la luna ha chiuso gli occhi
Ti amo, ti bramo, viviamo le notti
E chi legge di noi, di saper son curiosi
L'alba ci sorprende tra baci amorosi.

LONTANI RICORDI

Ricordo di noi seduti su una panchina
Il mio volto di ragazzo, il tuo di bambina
La luce della sera ne rischiarava volti
Dei due giovani ragazzi innamorati cotti.

In quella vile campagna, che tanto pretendeva
Pane duro, pasta fatta in casa, null'altro dava
Sveglia presto la mattina, a piedi l'andare a scuola
Il pomeriggio a guardar bestie fino tarda ora.

Diventi grande presto, quando la vita è dura
La carezza della mamma al risveglio di quell'ora
Eppur in quel corpo, nelle gambe, non v'era fatica
La voglia era di evadere, di viver ben altra vita.

I miei canti verso te, al ritorno dalla scuola
"Sei tu la mia bambina, non ti lascerò mai sola"
Quel tempo è volato assieme agli anni
Quello che è rimasto sono solo ricordi lontani.

Lontani quei tempi, incoscienti e spensierati
Mai più ho trovato la bellezza di quei passati
Quel bimbo che ero oramai non ritorna a giocare
In quell'aia, né in quei campi di grano verde mare.

LUNA 2

Attempata signora del cielo
Che illumini gli occhi degli innamorati
Fa che il mio sogno sia vero
E i nostri cuori da te vengan baciati.

Questa sera rendila magica
E parli di noi, del nostro amarci
Dell'amor si apra nuova pagina
E parli di due cuori che si eran persi.

Al solo sfiorarsi i corpi diventan frementi
Come foglie di quercia ai venti
Tu vecchia signora esperta degli amanti
Rendi magici questi momenti.

Dai luce ai suoi splendidi occhi
Fa che si illumini il mio cuore e il suo tocchi
E nuovo amore tra noi sbocci
E la sua bocca di baci trabocchi.

Stelle del cielo brillanti
Unitevi in un unico abbraccio con la luna
Fatele brillare gli occhi come diamanti
In questa giostra dateci la buona fortuna.

LUNA CAPRICCIOSA

Luna non fare i capricci, questa sera
Non nasconderti dietro una nuvola
Illumina il mio cammino solitario
Lei non è con me, amore amaro.

Soffiate su quel manto di nubi, stelle
Schiarite il cielo con la vostra luce
Non coprite del mio amor il volto
Io son qui, povero me, povero stolto.

Nuvole capricciose, mi date il pianto
Questo buio cupo mi sta avvolgendo
Luna appari e scompari volando
Di me ti prendi gioco, ridendo.

Questo cielo stasera è impazzito
Di nuvole si è tutto incupito
I grilli ancor cantano lungo la via
Con il cri, cri, svegliate la donna mia.

piangere non è da me, è per una favola
Il pianto d' amore si perde su una strada
Una goccia dal cielo mi è caduta accanto
Sei tu luna, o del mio amore il pianto.

Cielo rischiarati in questa sera d'estate
Dammi di lei il sapore, delle sere mancate
Sento il lamento di un cuore affranto
Voglio abbracciarla, consolarla dal
pianto.

MAMMA MI MANCHI

Mamma!
Sei partita per quel lungo viaggio
Solo andata, senza ritorno
Avrei voluto esser al tuo fianco.

Oggi dopo tanto faccio il resoconto
Mi manchi!
Mi mancano i tuoi consigli
A volte pacati, a volte tonanti.

Mi manca il tuo perdono sincero
Per le mie scappatelle da immaturo
Per gli errori commessi in gioventù
Per quelli mai ammessi, ma commessi.

Mamma!
Quel cordone ombelicale a te mi lega
Reciso ma mai del tutto tagliato
Ogni decisione ancora a te mi riporta.

Tutto a te è legato, ancor a te chiedo
Nella mente, mi rispondi dolcemente:
-Ragiona con la testa, ma metti il cuore-
Alla mente i tuoi consigli tornan tutti.

Mamma!
Il paradiso lo hai certo guadagnato
La tua mancanza mi ha reso debole
Vorrei poterti vedere un solo attimo.

Io non merito certo il paradiso
A volte, vorrei esser con te partito
Anche se il mio posto è tra i dannati
Viva è la speranza ogni tanto di vederti.

MARE NEGLI OCCHI

I miei occhi mi han sempre portato
fortuna
Se li volgo verso il cielo, confondono la
luna
Mentre le stelle si perdono nei miei
occhi
Stella mia in me ti immergi e d'amor
trabocchi.

Al chiaror della sera di luna piena
Mia stella, la tua bocca sulla mia si
scatena
Per non ingelosir del firmamento le
altre stelle
Chiudo gli occhi, per non mostrar le
pupille.

Tu amor mio la gelosia tutta la sfrutti
Eppur in questo mare, solo tu ti tuffi
Quel limpido azzurro è riservato ai tuoi
occhi
Solo tu, questo azzurro mare lo vivi, lo
tocchi.

Ti dico amor mio, il mio cuor è sincero
Si tratti di limpido mare, oppure
azzurro cielo
Questi occhi ti han dato tanto amore
Solo te vedono, portandoti nel cuore.

Quel giorno che verrà e del cuor il
battito tace
Questi occhi si chiuderanno dandosi
pace

Dammi ancor per un giorno la tua
brace
Rivedrai quegli occhi di un poeta senza
voce.

MI MANCHI

Mi manchi!
Mi manca la tua bocca
Il tuo viso, tuo sguardo
Mi mancano i tuoi occhi
Nei miei occhi.

Mi manchi!
Mi mancano le tue sfuriate
I tuoi rimproveri
Mi manca il tuo amore
Mi manca il battito del tuo cuore.

Mi manchi!
Mi manchi oggi più di ieri
Mi mancano i tuoi lunghi capelli
Mi manca il vederti camminare
Quel signorile portamento.

Mi manchi!
Mi manchi dentro
Sei la mia droga ed il tormento
La gioia di ogni momento
Mi manchi, mi manca il tuo volto.

Mi manchi!
Mi manchi il mattino, il giorno
La notte è un tormento
Mi manchi, mi manchi tanto.

MI PERDO IN TE

Mi sono perso a guardare le stelle stasera
pensavo a te, ho sognato la tua primavera
Il tuo respiro sentivo sfiorarmi la bocca
Un leggero zefiro mi ha inebriato di emozioni.

L'immagine tua, era nel sogno, ti baciavo
Sedevi sulle mie gambe fisso ti guardavo
Nel silenzio della sera, di te mi ubriacavo
I tuoi sguardi ammalianti, accettavo.

Ancor ti vedo se chiudo gli occhi e penso
Attimi d'amore, platonico ma intenso
Un bacio e ancora un altro, godo di piacere
Sarà pure un sogno, un pensiero, ma è volere.

Perdermi dentro un tuo sguardo, tra le stelle
Non una qualsiasi, ma una tra le più belle
Rapirti la bocca nel gioco dell'amore
Carezzandoti lì, dove batte il cuore.

Aspettando una tua dolce parola
Nel leggero zefiro della sera
Il sogno si smorsa all'abbaiar di un cane
Alzo gli occhi al cielo, il sogno lassù rimane.

Mesto, alzo le mie ossa dal seder per terra
Stordito dalla bellezza di una tarda primavera
Tra gli odori dei fiori ed il sogno del mio amore
Mi han riempito di dolcezza l'anima ed il cuore.

MOMENTI DELLA VITA

Ogni cosa ha i suoi tempi,
Tutti quanti da definire
Sia per costruire
Oppur per demolire
Un tempo per piantare
Sia per raccogliere
Un tempo per crescere
Sia per cavarsi voglie.
Un tempo per nascere
Sia per morire
Un tempo per la malattia
Un tempo per guarire
Un tempo per piangere
Sia per sorridere.
Un tempo per trovare
Sia per smarrire
Ci sono momenti brutti
E momenti buoni
Un tempo per tacere
Sia per parlare.
Un tempo per amare
oppur per odiare
Momenti per gioire
Oppur momenti seri
Momenti di intensa ira
Oppur momenti sereni
L'umano è maestro
Nell'eseguirli tutti quanti.

NUOVA PRIMAVERA

Quando l'aria diventa tiepida
Zefiro porta bel tempo e gran gioia,
Nei prati erbe e fiori d'ogni specie
Ogni animale sulla terra mangia in
pace.

Sgorgan dai monti sovrastanti
Limpide e fresche acque di sorgenti.
Dei bimbi la gioia dei giochi
Nel saltar sui verdi e fioriti prati.

Scoccan nuovi amori tra amanti,
Degli uccelli dolci canti,
Il garrir delle rondini sui cornicioni
Di case e palazzi son loro i padroni.

Le greggi a pascolar nei prati
Ballano le messi dal vento sospinte
È primavera! Il ciel si rasserena
Lasciando per la sera luna piena.

Ogni essere vivente è pieno d'amore
Ognun cerca il suo fiore da fecondare
La stagione della nuova vita avviene
Portando ogni essere vivente la sua
gene.

OSSESSIONE D'AMORE

Mai vorrei aver detto siamo alla fine
La gelosia l'amore uccide
Non sono un santo! Ma per lei ho rispetto
Ogni giorno una gelosia, un tormento.

Tranquillizza la tua anima un momento
Tanto amore ti ho dato e ancor ne ho tanto
Ogni mia parola me la rivolgi contro
Sento che questo non è più il mio posto.

Quante parole in poesia ti ho dedicato
Ogni giorno una gelosia, mi hai spiazzato
Noi si era un'unica cosa nel passato
Ora siamo alle ripicche, mi hai stufato.

Ti lascio andare, ti auguro buona fortuna
Ti ho dato il mio meglio, eccetto la luna
Mi sento offeso per la tua gelosia
I miei baci, le carezze se vuoi lavale via.

Mi mancherai per un tempo, ti ho amato tanto
Meglio solo, non accetto più nessun ricatto
Non so se gioirai o di me avrai rimpianto
Nel mio cuore d'amor per te ce n'era tanto.

Non so se ti vedrò più oppure spesso
Tra noi finiscono qui i giochi di sesso
Ti ho amato e ti amo ancora
La mente è stanca, di chiuder qui è l'ora.

PAROLE D'AMORE

Ogni parola d'amor me l'hai rubata
Nessuna parola senza te, esce dal cuore
Sarei un poeta fallito, senza parole
Hai dato tanto alla poesia e all'amore.

Ho vissuto di poesia, per amor di una donna
Mi sorprende l'ispirazione, che non torna
Per me si imbelletta e fotografa in ogni posa
In poesia a lei ispirata, troppe volte è una rosa.

Una rosa profumata di donna innamorata
Or vuol far la civettuola, giocando con i capelli
Viso imbellettato e maliziosi sguardi
Hai tradito i miei occhi, solo loro dovevano vederti.

Devi esser bella solo per me, mio soldino di cacio
Maliziosamente con il tuo sguardo mi rendi cieco
Conquisti il mio cuor facendo la bimba innamorata
Immergendo gli occhi tuoi nei miei, facendo la frittata.

PASSATA GIOVENTU'

Cara gioventù amica di un tempo
Troppo veloce è il tuo passaggio
Ieri ero bimbo al gioco intento
La pubertà e l'amor come miraggio.

Ogni spensieratezza di quel momento
L'hai nascosta tra i ricordi, zona blu
Quei ricordi verran fuori nel tempo
Quando la gioventù non c'è più.

Lo sbocciar del primo amore
Sogno di una vita da costruire
Il primo bacio, in faccia il rossore
Trema il mio corpo senza capire.

È solo il primo passo nell'avvenire
Vorrei esser avvocato, un dottore
Ancor immatura la mente per capire
Vivo la mia giovinezza con furore.

Tutto questo passerà, voglio crescere
Passa molto veloce e non tornerà più
Tutto questo lo rivedrò in me mescere
In quella memoria della zona blu.

La gioventù mi lascia andar via
Sarò uomo e mi atterrò al mio rango
Rincorrerò il tempo senza fantasia
Mi trovo anziano e nel cuore il pianto.

POESIA

La poesia è come un fiore
che nel vento sparge tutto
il suo fresco e intenso odore,
come l'amore che si culla
nei suoi soavi canti con
leggiadria e ardore.
La poesia è la forza
che ti espugna la mente
arroccata su l'irto colle
della concentrazione,
con languida frenesia
di fatal desiderio
il cuore accende
di fulgida fiamma.

POETARE

La poesia è la vita di un poeta
Scriver di poesia lo diletta
Facendo riviver a chi legge
Incantati momenti nella mente.

Il poeta cerca le giuste parole
Le culla nella mente e nel cuore
Cercando in ogni opera consenso
Gioia per chi legge e per se stesso.

Il poeta vuole stupire con parole
Sian rivolte alla luna o all'amore
Infuocando anima e cuore del lettore
Emozionando per uno stupendo sole.

La poesia a volte rattrista il poeta
Di un amor finito, il suo cuor non cheta
Dell'aurora né fa incetta in ogni prosa
Vive la notte di carta e penna, mai riposa.

Dell'eburnee luci che forano la notte
Si affaccia l'alba con le sue giostre
Gente corre nel mattino come tante frecce
Un nuovo giorno di profonde tristezze.

Il poeta copia ciò che all'occhio passa
Due cuori stretti batton come grancassa
L'ardente fuoco di due innamorati
Il poeta più e più volte li ha sfruttati.

QUANTO AMORE

All'amor di una donna che non amo il diniego
Per il suo cuor l'amor non spreco
Un'altra il cuor mio un giorno rubò
Ho vissuto con lei all'amor il tempo rubato.

Quel tempo non ha fine, mai è cessato
Di sciocche gelosie, mi ha tempestato
Nonostante questo, con l'amor mi ha legato
Come posso, come si può dimenticar chi hai amato.

Ho dato amore un tempo a chi non meritava
Ho dato baci a perdere a chi non se lo aspettava
Ho sognato momenti belli e di gloria
Oramai passati attraverso il tempo di allora

Ho resistito come roccia a tanti attacchi
Di vai a fare in c…… ne ho presi a sacchi
Ho speso momenti inutili della mia vita
Adesso li rimpiango, ma ancor non è finita

Ho dato amore ad amori a tempo, sbagliati
I miei sbagli facendo i conti, tutti li ho pagati
Nell'amore ho sofferto una sola volta
Ma che soffro per lei non si è accorta.

Di me gli ho dato cuore corpo e testa
Mi ha amato e dato molto, ma anche tempesta
La gelosia se ossessiva, è una brutta bestia
Per troppo amore? Oppur di me non era certa?

Passano i giorni uno dietro l'altro
Per lei non ho rancori, solo rimpianto
Assaporo il cammino verso un'età certa
Tutto può succedere, non ho più fretta.

QUELLA CHE VOGLIO SEI TU

Sei tu quella che ho sempre cercato e voglio
Non mandarmi via, è rimuovere uno scoglio
Ti ossessionerò, getterò ai tuoi piedi l'orgoglio
Mi ama, non mi ama, le margherite sfoglio.

Ho provato a dimenticarti, guardando altre cose
Ma non vedo il sole e neppur vellutate rose
Negli occhi di altre non vedo profumate mimose
Non vedo quel cielo, quella luna, né stelle prosperose.

Sei tu quella che ho cercato e voglio
Ti ho scelto volando sulle ali di un sogno
Spinto dal desiderio di trovare il vero amore
Quella dolcezza che fa batter forte il cuore.

Quella donna che si scioglie ad ogni mio volere
Quella metà del mio cuore, che batte per amore
Quella metà, che vive senza egoismi e gelosie
Quella metà che sa, le pene sue sono le mie.

Quella metà, ha lasciato un vuoto dentro
Non so se mi ami! Io penso a te ogni momento
Quel racchiuso sogno dentro me sta svanendo
La tua libertà cercata da tempo sta nascendo.

Mi hai scelto o forse ti ho scelto tra tante
Oggi seduto qui, sto scrivendo da ignorante
In questa notte, con la pioggia scrosciante
Rimango in attesa, anche un ciao! È importante.

REPLEY

Se mi rimanesse inciso
In testa come un disco
Tutto quello che delle donne
Ho pensato, detto e visto
Non avrei ritegno a rivederlo.
Da giovinetto, di ogni bella ragazzina
Mi immaginavo tutto
Pure la notte mi veniva in sogno
E tutto il resto non ve lo racconto.
Da giovanotto, mi sentivo il bello
Facendo apprezzamenti alle ragazze
Di me anche più grandi, belle e cozze
Apprezzamenti garbati di ammirazione.
Non mi son mai piaciuti gli ignoranti
Quei comportamenti parole e gesti da
cafone
Questo vizio del commento mi è
rimasto
A mamma che mi ha fatto gli occhi la
ringrazio.
Quando hai una compagna fissa e
gelosa
Tutto sparisce , ma l'occhio mai riposa
Al mare mentre la compagna prende il
sole
L'occhio spazia verso l'orizzonte,
guarda.
Al passaggio di una ragazza o bella
signora
Con lo sguardo le corro dietro
Gli apprezzamenti li faccio tra me
stesso
Facendo gesti con la bocca e con la
mano.

Quando ho cercato di limitarmi a
questo
Mi è capitato di gonfiare dentro
Tutto quello che pensavo, voleva uscire
Fino ad esplodermi dalla bocca
uscendo.
Diventando anche volgare, nella parola
Con forza usciva dalla bocca
esplodendo
Come una bomba, come una mina
Mamma mia! quanto, quanto sei
Bonaaa!

RICORDI DI FANCIULLO

Dorme l'anziano nonno
Davanti al crepitante camino
Con il fuoco acceso
Non dorme di sonno profondo
Sta riposando i suoi occhi
Ma attivo è il suo intelletto
Va ricordando quando era bimbo
Or che di movimento è lento
Allor correa nel campo
E nell'aia tutto attorno
Guardando la sua faccia solcata
Nel ricordo accenna un sorriso
Di un tempo passato
Bello! Spensierato!
Or che vecchio, solo il caminetto
Gli rimane amico
Il ceppo nel camino scoppietta
L'incerta fiamma che avvolge il ceppo
Lancia scintille in ogni direzione
La sua fiamma e il suo calore
Riscalda il cuor del vecchio
Che sogna da piccolo in grembo
Alla sua mamma che lo sta cullando
Cantando al crepitio del caminetto
Una ninna nanna.

RICORDI

Una fossa al cimitero
Una cassa non so se
Di pregiato legno.
Con la pala la zolla
Sul coperchio risuona
Ma non c'è risveglio.
Coperto il tutto una
Croce per il rispetto
E con la mano il segno.
Si rimetton in tasca
I fazzoletti di una
Versata lacrima.
Il saluto ai parenti
Il morto è morto
La vita va avanti.
In breve sarà dimenticato
La mia casa le mie cose
Saranno da lì sfrattate.
Quello che io ritenevo utile
È inutile è un rifiuto
Come tale va buttato.
Tutti i miei ricordi
Accatastati in armadi
Finiranno anche loro buttati.
I vestiti, questi stracci
Si danno ai poveretti
O si buttano nei rifiuti.
I miei soprammobili
Dalle mie mani usciti
Pure quelli vanno buttati.
Tenete ben drizzato l'orecchio
Perché se io vi vedo
Sentirete tanto rumore.
Non so se avrò le mani

Ma se ancor le avrò
Verrò a strapparvi il cuore.

RICORDI 3

All'ombra di una quercia perenne
ammiro fin dove arriva il mio sguardo.
Tutto è silenzio attorno,
solo il frusciar del maturo grano,
spinto nella ola del vento suadente
dell'estate.
E' meriggio è l'ora di tornare;
ma lascia che io guardi ancor la spiga,
la farfalla, il passero che di ragnatela,
ancor prima del grano ne ha fatto
boccone.
Lascia ch' io veda il mover delle
fronde,
che ascolti il frusciar del grano,
il gallo in lontananza chiama:
L'ora è tarda
Lasciami al mio riposo or che raffresca!
L'idee schiarisce ricordando quello che
è stato,
un amor perso, un bacio rubato.
Nel mio pensiero raffrescato
lascia che trovi il mio passato,
che rimembri le cose giuste or mai
passate
e come me sono vetuste.

RICORDI

Un tenebroso silenzio
Avvolge la mia casa
Nelle sere invernali.
Solo il crepitio del fuoco
Ho per compagno,
Mi dà sollievo.
Mi dan sicurezza
Le luci nel cortile
Mi illuminano la stanza.
Mentre il fuoco fa la danza
Nel suo letto di legna
Si abbassa a volte si slancia.
Se son solo non mi do pena
Ma penso con ricordo
Ai momenti della sera.
Ai miei bimbi rumorosi
Ai loro giochi gridati
Ai rimproveri inascoltati
Ai tempi rimasti impressi
Mai sopiti di giovani sposi
La mia sposa, i miei cuccioli di bimbi.
Or che son qui a rimembrar il passato
Vorrei ancor vederli giocare per una
volta.

RICORDO DI UN SOGNO

Nel sogno mi è stato indicato
Il posto dove devo correre
Per raggiungere il cielo,
Una collina con una piccola
Stradina, che mi porta su in cima-
Ho preso a correre facendo
Tutta la stradina bianca in salita
A perdifiato
Arrivato in cima, mi vien detto:
_Prendi   la rincorsa e vai
Oltre la cima, toccherai il cielo_
Affacciatomi dalla vetta della collina
Si presenta ai miei occhi
Uno strapiombo, in verticale per
Decine e decine di metri
Oltre quel dirupo non esisteva vita
Ho guardato tutto in torno,
Ho valutato il pro e il contro
Ho girato la schiena al dirupo
E son tornato addietro
Voi che leggete direte:
_E' un sogno stupido!
Quale è il significato?
_Io che ho sognato non lo so!
_Ma è l'unico sogno che al risveglio
Mi son ricordato.

IN RICORDO DI FRANCY

La siringa a terra
L' ago ancora gocciolante
Le scarpe tolte
Il giacchetto di pelle nera a terra

Un cucchiaio mezzo bruciato
Una carta stagnola che con il vento
rotola
Il corpo raggomitolato

La testa fra le gambe
Le braccia che legano il tutto
Così ti ricordo Francesca

Appoggiata ad un platano
Con indosso una camicetta bianca
Ed una gonnellina leggera che
svolazzava
Nel fresco della sera

Francy avevi sedici anni
Rifiutavi la vita drogandoti
Le tue insicurezze e le paure
Dell'oggi e del domani

Quella dose ti è stata fatale
In quel prato verde e profumato
La morte hai trovato

Ora stai viaggiando nelle praterie
infinite
Tra rose e margherite
Le tue incertezze le paure
Adesso sono finite.
SCRITTA PER UN'AMICA 1970

RIMPIANTI

Mamma , quale peccato
 avrai mai commesso per soffrire tanto.
La miseria la guerra, i tedeschi
finita la guerra sei andata a far la serva,
ti sei sposata giovane, io ero gia lì
che bussavo alla tua pancia.
La fame, la miseria del dopoguerra
fino gli anni cinquanta si è protratta.
Le mie malattie negli anni giovanili,
sei mesi a Siena all'ospedale;
mi sei stata accanto giorno e notte.
La morte di un fratello
aveva trentatré anni come Cristo
finito sotto le ruote di un trattore
rovesciato.
Quanto hai sofferto per questo,
è morto lasciando moglie e due figli,
uno da poco nato.
Poi la stessa sorte è toccata ad un
cognato,
anche lui dal trattore schiacciato.
Per finir poi con la sofferenza dei tuoi
genitori,
quanto avrai sofferto veder ogni giorno
 morir un po' tua mamma.
Potevi esser tranquilla
e goderti la tua famiglia,
ma sull'albero delle mele
c'è sempre una mela marcia,
a te è toccata quella mela.
Quanto hai pianto ,
quanto hai tribolato e sofferto,
per quel figlio perso.

Quanto hai sofferto per i figli di tuo
figlio
che erano allo sbando.
Mamma! Anch'io oggi sto soffrendo,
ho il rimpianto di non averti
forte abbracciato, consolato.
ma ora è troppo tardi!
Ora più non ci sei!
Ed io vivo di rimpianti e ricordi.

RISORTI

Alla fine c'è la nera morte
Per me e la mia consorte
Se ogni cuore cerca l'altro cuore
Non svanirà mai il nostro amore.

Risorgeremo ad altra vita
Attratti come calamita
Vivremo altra vita ancora assieme
Mai si scioglieranno queste catene.

Magari commedianti o attori
Operai, contadini o costruttori
Miliardari o imprenditori
Impiegati o truffatori.

Sarà grande certamente
Ricordar la vita precedente
La tua testa in subbuglio
Il mio cuore pieno di orgoglio.

Oppure la tua testa di idee piena
Il mio cuore spezzato in questa scena
l'orgoglio calpestato, pianto dirotto
Ma no! Non importanza chi sta sotto.

Vita nuova; senza prole
Ci uccideremo con le parole
Poi a letto porremo fine
Divertiti, pieni d'amore e di moine.

RISPETTO PER CHI DA LA VITA

Donna;
Quale invenzione nell'universo la eguaglia
Belle come regine figlie di luna e sole
Fragili e delicate come petali di rose.
Splendide;
Ti sanno prendere e dare emozione
Spargono semi della vita con amore
Soffrono in silenzio il suo dolore.
Farfalle;
Volano in alto aprendo le ali
Di fiore in fiore, assaporando l'amore
Ognun di loro splendide, d'ogni colore.
Indipendenti;
Di un tempo lontano non han più ricordo
Or vanno in discoteche con misere gonne
Vivon di paure tra orchi che dignità toglie.
Regina;
Madre perfetta, moglie amante, maliziosa e retta
Un lavoro soddisfacente, la rende indipendente
Regista, economa della casa, non spreca niente.
Ante sessant'otto;
Donne quasi insignificanti, senza parola
Messe lì da una società maschilista per far figli
Cucinare , rammendare e i doveri di una moglie.
Viva;
L'emancipazione della donna ci ha resi uguali
La violenza su di esse ci rende disumani
Ogni uomo offra una rosa, non violenza ottusa.

RISPETTO

Forse è vero ciò che di me si pensa
Sono permaloso! Sono introverso!
Ma devo dire che conosco persone
A cui darei tutto e con esse apro il
cuore.
Ma non ritengo esse
Come fossi davanti un confessore,
Ma solo amicizie, amicizie vere
Che ascoltano i tuoi crucci le tue pene.
Al contrario devo dire di altre persone
Che non meritano neppur di sprecar
Penna e carta per illustrarle
E con cui non prendo confidenze
alcune.
Questa è un indiscrezione
Che faccio al mio lettore
Con esse non esprimo né odio né
rancore
È solo un essere che non è nel mio
cuore.
Lo ammetto il mio vaglio è molto
stretto
Ma a nessuno tolgo il rispetto e il
saluto
Ma senza tante smancerie e cortesie
Solo buon giorno e buona sera.
Io non sono un santo o predicatore
Che cerca in ogni luogo pecorelle
smarrite
Io sono amico con chi mi da rispetto
E rispetto chi sta dalla mia parte.
Io non cerco fate o alcove
Io rispetto l'amicizia come tale
La ritengo sacra e indistruttibile
Sempre con il rispetto che ci vuole.

RIVOLUZIONE

Voglio scrivere per coloro
Che non capiscono a parole
E neppure quello scritto.
Un malato di tumore;
Non ha scampo, deve morire.
Colui che piange lacrime;
Non alimenta un fiume.
Per i calvi;
Non ci sono miracoli
Solo stupidi trapianti.
Per i sordi;
Ascoltano senza capire
Capiscon sempre fischi per fiaschi.
Per chi non ha parola;
Non si sa mai ciò che pensa
Se ha buon udito ascolta.
I sordomuti;
Non ascoltano chi parla alle platee
Neppur rispondono alle cialtronerie.
Per gli idioti;
Ridete, ridete, mamma ha fatto
gnocchi.
Per i militari;
Voi fate guerre, per ingrassar i generali.
Per i dottori;
Voi curate coloro che non han mali.
Per i Deputati e Senatori;
Non è colpa vostra
La colpa è degli elettori.
Per il popolo;
Cialtroni! Date il voto sempre
Agli stessi mascalzoni.
Per me stesso;
quello che ho scritto

Non mi rende certo popolare
Ma ho avuto il coraggio
Di dirlo, metterlo per scritto.
Detto sotto voce non ha effetto
Messo per scritto, nessuno lo può
Trasformare, aggiungere o tagliare
Rimane solo da leggere o gettare.

ROMANTICA LUNA

Splendida Luna, luce soffusa della
notte
quanti amori hai fatto sbocciare,
nelle sere d'estate davanti al mare,
sei complice degli amanti e del suo
volere.

Luna non mi ingannare questa volta,
se questo è amore vero,
fa che sia quello che dura in eterno,
non deludermi Luna, non darmi
inganno.

Non imbrogliarmi questa volta,
come è successo l'anno passato,
un amore in'utile, mi hai ingannato,
in quella serata d' estate sulle dune.

Facesti in modo che i nostri cuori
fremessero d' amore per una stagione,
fu un abbaglio, uno sfuggente amore,
finita l'estate, l'amore è svanito.

Luna fa che questo sia amore,
amore che non si sciolga, come neve,
fa che duri oltre le stagioni,
un giorno in più oltre il batter dei cuori.

Tra un bacio e una carezza,
da lassù ci legherai con l'amore,
illuminando la strada della vita,
che sia piana, tortuosa o in salita.

Luna solo chi è sentimentale,

sotto il tuo chiarore si può innamorare,
non importa se è estate, autunno,
inverno o primavera.

Per l'amore non c'è stagione,
serve solo il tuo romantico chiarore,
due cuori che si cercano oltre l'estate,
oltre il freddo dell'inverno dandosi
amore.

SARA' AMORE

In quel prato colorato d'ogni fiore
Svolazzando ti vedo arrivare
Troppo giovane, per inebriarti d'amore
Troppo giovane, ti puoi far del male.

Voli girandomi intorno come a un fiore
Sinuosa muovi il tuo corpo giovane, fresco
Allungo la mano, sul palmo ti vieni a posare
Sbatti le ali per ripartire, ma il cuor si è desto.

Ti porto alla bocca per darti un bacio
Mi guardi fissa negli occhi, mi vorresti parlare
Bella, bellissima sei, soldino di cacio
Conosco quello sguardo, che il cuor fa galoppare.

Sinuosa ti atteggi con movenze, vibrando
Ti alzi prendendo il volo per altro cuore
Su questo prato, altro fiore vai cercando
Di intenso colore e al cuor tuo dia calore.

Vola farfalla sinuosa verso un fresco fiore
Con lo sguardo accompagno il tuo volare
Spalanca a colui che ti brama il tuo cuore
Non volar tra braccia che non ti sanno amare.

Ti saluterò quando vedrò sorrider i tuoi occhi
Quando ballerai coi venti aggrappata all'amore
Sarà amore e del cuor sentirai i rintocchi
Quando il fiore di polline ti indorerà il cuore.

SCAPPATELLE

Mi dici:_ vado al bar con gli amici-
Vai, vai! Non è lì che tu andrai
Vai da lei!
Lei è più giovane è bella
Ma non ti darà amore
Quanto io te ne ho dato.
Non farò nulla perché tu
Non vada da lei,
A me basta che torni ogni notte
Anche se è ora tarda
A me basta di sentirti
Il mattino a me accanto.
Vai! Lei è più giovane
Lei è più bella
Ma non ti darà amore
Quanto io ti ho dato
Ti da solo quello; sesso!
Non è amore, è un suo e tuo bisogno.
Lo so che ancora mi ami
Lo vedo nelle attenzioni
Che verso me hai ogni giorno,
Stasera non andrai!
Ti voglio!Ti voglio dimostrare
Che ancor so amare.

SEI UN POETA

Liberate i cuori di fantasiosi poeti
Di storie e d'amore cantatemi i versi
Lasciate danzare le Muse ispiratrici
Lor san sollevare le anime chine.
L'estroso tocco poetico mettete
Con maestria saprete interpretare
Parlando d'amore e storie vissute
Di emozioni a chi ascolta pienate i cuori.

Nel profondo dell'animo umano scrutate
Non lasciatevi coinvolgere in penosi fatti
Nel cuor portate ferite, nella mente ricordi
Svelando pietose situazioni e fatti accaduti.
Sempre libero vaga il vostro pensiero
Senza catene che imbavagliano le idee
Vivete di poesia portando il vostro decanto
Poeti! Mai smettete di portar emozioni.

SEI

Quando sei con me, ho accanto il sole,
Quando ti allontani, ho al fianco la notte.
Quando sei con me, il cuor gioisce
Quando non ci sei, il cuor piange.

Vivo incubi della tua lontananza
Gioisco quando la tua aria danza
Amarti per me è un'esigenza
Del tuo sorriso non posso far senza.

Nelle tue mani, carezze e dolcezza
La tua bocca baci, a me dispensa
Il cuor con te aumenta la frequenza
Sei la matematica della dolcezza.

Sei la moltiplicazione dell'amore
Sei la sottrazione del dolore
Sei la divisione delle preoccupazioni
Sei quel segno più, che l'amor pretende.

Sei la pace che il cuor raggiunge
La gioia che al cuor non sfugge
Sei la dolcezza di un bacio sulla bocca
La fiamma che il corpo cerca.

Sei l'amor che soffoca ogni dolore
La gioia dei miei occhi nel vederti
Sei la vitamina che il mio corpo riceve
Sei la bomba che in me esplode.

SENSI

Nella calura estiva
Sotto l'ombra di un platano
In silenzio contemplavo
senza distrazione alcuna.
Nessun rumore attivo
Solo il mio affannato respiro
Che la calura di un'estate
Afosa mi aveva reso.
Un silenzio irreale , mortale
Nè canti di uccelli, nè di cicale
Nè un alito di vento che smuove
L'aria e delle piante le chiome.
Dolcemente mi assopisco
Sotto l'ombreggiante platano.
D'un tratto cade una foglia a terra
Con un rumore pari a una bomba.
Il balzo di un gatto su un ramoscello
Il cri cri insistente di un grillo
Il cigolio di una porta che si apre.
I sensi rimangono svegli vigilanti,
Ogni piccolo rumore
Ha il rombo di un cannone.
Quello che prima sembrava silenzio,
Adesso sembra un bordello.

SENZA TE

Avrò rimpianto, dei baci non dati
di carezze e abbracci appassionati,
frasi e parole dolcemente sussurrate,
sguardi ammalianti, di anime innamorate.

Senza te,
avrò rimpianto, dei nostri fugaci incontri,
dei nostri affamati e fibrillanti corpi,
di freddi giorni, ma caldi ed emozionanti,
ricordi, amorevoli, dolci, intriganti.

Senza te,
avrò rimpianto, dei tuo felini occhi,
dando luce all'anima, il cuor mi tocchi,
quel sorriso ammaliante, per me eccitante,
quelle mani sul mio corpo, caldo calmante.

Senza te,
avrò rimpianto, quando non vedrò il tuo volto
Sorridente, fresco, imbellettato, nel modo giusto,
Nella tua bocca, sulle labbra ho fatto il nido,
ogni tuo respiro è il mio respiro, all'infinito.

Senza te,
senza il tuo corpo, per me vita, calore,
quella bocca da baciare, mi ossigena per ore,
ed io come farei a vivere senza il tuo amore,
se non amo te, nessun'altra avrà il mio cuore.

SFOGO DI DOLORE

Piangi bimba mia sfoga la tua rabbia
che fin oggi hai tenuto dentro.
Io credo di aver fatto ciò che potevo,
per far si che non succedesse questo.
Piangi sfogati fino a vomitare,
libera la tua testa e il tuo cuore.
Voglio vederti piangere,
con fili di saliva fin riempirti la bocca.
Lacrime , lacrime vere!
Che scendono lungo le guance
a terra le voglio veder cadere.
Voglio vedere il tuo naso perdere
muco,
come quando piangevi da bambina.
Voglio vederti chiedermi aiuto:
_ Scusami papà ho sbagliato_
Io sarò lì! sarò pronto!
Sarò al tuo fianco!
Questo dovrà essere l'ultimo sbaglio,
non ti darò altre carte da giocare.

SI NASCE E SI MUORE

Si nasce si cresce, si invecchia , si
muore
Nell'universo tutto questo
Avviene in un tempo molto breve.
Dal giorno che sei nato
Basta fare un passo e sei già ragazzo
Nel frattempo ti chiedono
Quanto fa quattro più quattro
Non hai il tempo di dire otto
Che sei già giovanotto.
La fidanzata ti bacia, prendendoti per
mano
Hai gia due figli grandi e sei un
anziano.
Vai in bagno e ti guardi allo specchio
Oramai sei diventato vecchio.
Ti sdrai, hai il fiato corto
Non ti accorgi di essere già morto.
In questo universo esasperato
Ti accorgi di esser fortunato
Anche se in breve tempo
Sei nato e invecchiato.
Pensa a tutti quelli che
Non ce la fanno ad invecchiare
Mentre gli fanno la domanda
Quanto fa quattro più quattro
Non fa a tempo a dire otto
È già morto.
Sono a migliaia
Che non arrivano alla vecchiaia.
Una cosa è consolante
Il ricco, il povero, il credente e il
delinquente

Il Padre Eterno e il destino, non si
corrompe
Tutti uguali davanti alla morte.
Una richiesta vorrei fare al Signore
Visto che in breve tempo si nasce e si
muore,
Vorrei non soffrire di malattie e dolore.
La nostra vita è un passaggio tanto
veloce,
Da non vedere neppure Cristo sulla
croce.

SI NASCE SI CRESCE

Da piccolino dicono:
Quanto è bello il mio pulcino
Crescendo, all'età di andare in
bicicletta,
ti dicono:
Non stai mai fermo; sei una capretta
Crescendo, sui quattordici anni,
tutti ti dicon:_ Come sei bella,
sei proprio una signorinella
Hai diciotto anni,l'amica di mamma,
invidiosa,
ti dice:- Sei fresca e bella come una
rosa-
Oramai hai venticinque anni ,
il fidanzato è follemente di te
innamorato,
ti paragona ad un fiorito prato.
Poi ai trenta vai in sposa,
a Remo che per complimento ti dice:
_Mia dolce sposa sei radiosa -
Nascono dei figli; i complimenti vanno
a loro,
lui smette anche di chiamarti tesoro.
I bimbi crescono e il tempo passa,
tu hai già superato gli ......anta,
per ricordarti l'anniversario,
il tuo maritino Remo
ti regala un bel mazzo di crisantemo.
Tu contraccambi il regalo
dell'anniversario,
dicendogli: _Questo regalo è per te
Remo-
un contratto per un bel loculo al
cimitero.

SIGNORA DELL'AMORE

Un sognatore quale io sono,
da piccolo sognavo di esser uomo,
or che uomo son oramai da tempo,
vorrei tornar bimbo, solo un momento.

Il sogno ha deciso di restar a questo tempo,
per non rimembrar sconveniente ricordo,
portando all'amata malumore al cuore,
ne soffrirebbe l'anima mia e l'amore.

Nel camminar lungo una stretta via,
pensando a quale sogno far compagnia,
affannato di fatica, in vetta alla ripida salita,
odo un richiamo di una voce delicata.

Di scatto mi volto a quel refolo di vita,
a dare ascolto con supplica, mi invita,
la voce stenta e con delicata dolcezza,
prendendomi la mano, la faccia si accarezza.

Dolcezza immensa, penetra il mio istinto
chiedo: chi sei signora dal volto coperto,
sciogliendomi a lei con la tristezza nel cuore,
io sono un essere insignificante, senza amore.

Sparita nel nulla, sulla strada ancor la cerco,
una voce morbida mi sussurra all'orecchio,
se sogni ad occhi aperti, fai sogni d'amore,
ricorda sempre; l'amor porta gioie e dolore.

SOGNI

La mente spazia in gelosi ricordi,
occhi spalancati, rivivono quei sogni,
in questo letto di notti, ad occhi aperti
pensando a lei, ai nostri momenti .

Momenti splendidi come diamanti,
ai nostri sorrisi, agli sguardi incessanti,
agli abbracci, ai copiosi, affannati baci,
afferrando il meglio dell'amore, come rapaci.

Fiamma di passione, un falò e tanta brace,
pelle che scotta, bocche unite, trovan pace,
sensazioni, emozioni, fremiti di passione,
mani che scorrono su corpi in combustione.

Baci che scendono sul corpo, verso il cuore,
carezze morbide, con labbra zuppe d'amore,
certezza d' infinito piacere in languidi occhi,
una cascata di emozioni, fa tremar i ginocchi.

Tempesta senza controllo di cuori incatenati
solletica la voglia di lei, dei suoi baci scatenati,
una rosa rossa, che ti blocca, con le sue spine,
ti inebria la mente, ti sconvolge tra le sue spire.

Labbra contro labbra ti dona il corpo, il
cuore,
fiamme avviluppano i corpi, in giochi
d'amore,
dolce il mio ricordo che ogni notte mi
scuote,
l'abbraccio di un demone, lascia
giornate vuote.

SOGNO D'AMORE

Mano nella mano a passo lento
Di fronte a noi si spalanca una porta
Una luce intensa gli occhi abbaglia.
Un prato si estende in lontananza
A perdita d'occhio ogni fiore
Di diverso profumo e colore.
Animali, Cervi, Daini
E tanti altri, nuvole di pennuti alati
Che cinguettano svolazzando.
Alberi secolari immensi
Fioriti e colmi di frutti
Maturi e profumati.
Un ruscello senza fine
Che scende verso valle
Con acque limpide e pure.
Non si distingue il giorno
Dalla notte per il chiarore
Del sole e della luna .
Le farfalle si mischian alla neve
Tutto questo ci fermiamo
Ad ammirare con stupore.
Ci abbracciamo ascoltando
Dalla conchiglia che tieni in mano
Il frusciare dell'onda del mare.
Grazie amore! è bello,
Bellissimo, come fu la nostra
Prima notte d'amore.

SOGNO D'AMORE 2

Il giorno si dissolve nel tramonto
Il lupo troppo presto tenta l'assalto
Cerca prede, ma no! Cerca altro
Tornerà alla tana con il cuor distrutto.

Di te mi innamorai, l'amore acceca
Ma ogni giorno, una nuova pretesa
Ogni giorno, la tua gelosia più accesa
Il cuor mio, dai tuoi morsi doleva.

Ho creduto in quell' irreale sogno
In un amore vero, leale e profondo
La tua gelosia, erodeva del cuor gli angoli
Fino a far diventar il cuore senza spigoli.

Nel cuor tondo l'amor non trovava pace
Girava attorno alla sua croce
Con l'ultimo morso, lo hai ferito a morte
Lì! Il nostro amore ha conosciuto la sua sorte.

Hai ucciso quello che dell'amor rimaneva
Senza rimpianto, la bocca di sangue ti colava
Oggi non ho più nulla da poterti dare
Questa è la fine, di un sogno d'amore.

SOGNO DI UN AMORE

Ti ho visto più bella di un tempo
Lunghi i tuoi riccioli d'oro
Il cuor tuo infranto
Ancor bimba, prima che donna
Ci siam detti addio
Al tempo della scuola.

Vestita eri di bianco
Dinanzi a me il copricapo hai tolto
Appena vista la mia figura
Al collo un grosso Crocifisso
Stretto nella mano, la tua devozione
Il rispetto, verso il tuo sposo.

_ Ciao come stai?
Io sto bene ti ho risposto
_Te, come stai? Raccontami, tutto
_ Ho fatto la mia scelta
E' stata dura-
-Ora son felice, tranquilla_

Le dissi - Sei sparita dalla mia vita-
Mentre si allontanava alla mia vista
Mi diceva _ non cercarmi!
Solo a Cristo sono devota_
Mio piccolo amore
Tu! Mi sei venuta a cercare.

Ma la sveglia non perdona
Come tutte le mattine suona
Ricordandomi che è l'ora
Il risveglio è brusco;
Mi solleva dal mio dolce sogno
Un ricordo di ragazzo mai sopito.

SOLITUDINE

Tra le mura della mia vecchia casa
A sera fonda mi addormento
Per non pensar, per non aver tormento
Solo il vento che batte alle porte e
finestre
Con il suo frusciar fischiante mi dà
sollievo.
Ecco il tuono rombante e il lampo
Illumina tutto, sta annunciando
Un acquazzone che sta arrivando
L'acqua batte con ritmo su porte, tetto
e finestre
Prima piano, poi sempre più forte.
Questa pioggia mi dà senso di pulizia,
Sia fuori, che dentro, mi rende sereno
Pronto a cader sulle braccia di Morfeo
Io sdegno gli affanni di questi tempi
Dei giovani senza valori né riferimenti.
Talvolta scelgo di esser in solitaria
disparte
Sopra un rialto o lungo un fosso
Dove l'acqua corre lenta lungo il suo
letto
Veder alte piante che le fan da
contorno
Sentir cantar un Usignolo o il curioso
Pettirosso.
Veder tra i rami il sol farti da specchio
L'erba fresca e di margherite profumata
Mi assopisco sopra essa, avvolto dai
ricordi
Un raggio di sole colpisce la mia fronte
Sembra dirmi sveglia pensa ad oggi.

Ma la mente non ha controlli
Sia che siano pensieri brutti o buoni
Ma vedendo la natura nella sua bellezza
Che al sol risplende in ogni sua forma
Uccelli canterini e voli di farfalla, tutto
si calma.
Mi vien di quiete scioglier le membra
Dinanzi a tal bellezza ricordando
Da giovinetto facevo nei fossi il bagno
Mi illumino di felicità e spensieratezza
Sopraffacendomi il ricordo.

SONO UN POETA

Poeta scendi da quel piedistallo,
sii umile, del pollaio non sei il gallo,
ti credi qualcuno perché ti dicon bravo,
cerca di star sulla terra in modo savio.

Non conosci una quartina,
né licenza poetica in rima,
scendi da quel piedistallo, senza cadere,
basta una ventata, voli via come cenere.

Troppi poeti e poche idee in testa,
troppe poesie sciape, come la minestra,
il poeta è un pittore, descrive il suo mare
ambo i due del suo lavoro muoion di fame.

Il talento è un fiammifero acceso nel vento,
può durare nei secoli, oppure un momento,
la poesia è donare il cuore in ogni parola,
non serve aver titoli, non serve una scuola.

La poesia è dentro te, non servono sforzi,
serve una farfalla, un fiore e parole dolci,
il poeta è un'anima gentile, parla d'amore,
quando scrive le sue parole, lo fa con il cuore.

SOPRAVVISSUTI

Non trovo giusto che all'uomo
Sopravviva quasi tutto.
Che il quadro abbia vita
Più di colui che lo ha dipinto.
Oppure la scultura, che di
Vita ne ha quasi eterna.
Una sedia con il suo tarlo
Sopravviva al suo padrone.
Come il tavolo, la panca,
La credenza, di vino la bottiglia.
Il piede ha vinto, con il calzino.
Con la scarpa è una lotta.
La corona ha vinto contro la testa.
La spada ha vinto contro la mano.
Il legno contro il chiodo
Che arrugginendo si è spezzato.
Io sto lottando contro il mio coltello,
Per consumarlo, arrugginirlo.
Ogni giorno, lo immergo in acqua, lo
lavo,
Lo ribagno , Lo arroto , quanta fatica.
Vorrebbe sopravvivere alla mia vita

SOTTO DETTATURA

La poesia è sentimento
Non sei tu a cercar le parole
Chi detta è il cuore.

Non scrivere tanto per scrivere
Se il cuore non è pronto
Ad illuminar la tua mano.

Può sanguinarti il naso dallo sforzo
Ma non avrai mai l'effetto desiderato
Che il cuore alla tua mano ha dettato.

Può esser poesia o racconto
O viaggiar di fantasia,parlar di te, o d'amore
Ma ciò che serve è aver aperto il cuore.

La poesia viaggia sulla fantasia
O su cose che tu senti dentro
Sian fatti personali o altro.

Io con me porto sempre carta e penna, non sai mai
Quando il cuore detta, se mattina,pomeriggio o sera,
Se perdi l'attimo finisce la poesia.

SOTTO LA LUNA

Ti lascio guardarmi negli occhi
sotto il chiaror della luna ti specchi,
il riflesso ti condurrà nel mio mare,
sulle onde il cuor mio ti appare.

Dolce sarà l'incontro dei due cuori ,
mi osservi con voluttà, le labbra assapori,
assecondo la tua bocca con un bacio d'amore,
dei tuoi sensi e della tua bocca, sento il sapore.

Sorseggio il tuo nettare che su di me scorre
come un fiume sul cuor passa e ribolle,
il tumulto dei cuori, cavalli al galoppo,
senza confini né recinti con le mani tocco.

Fuori dal tempo, le menti viaggiano
lungo la nuda pelle, le mani scorrono,
ti abbandoni a questo lupo con ardore,
sotto questa luna al suo chiarore.

SPERANZA DI NUOVA VITA

Mi sento stretto come da un torchio,
da me non uscirà più niente,
sono asciutto, arido anche nel cuore,
pure lo spirito si è arreso.
Ho fatto l'esperimento con un limone,

lo ho stretto tanto da farlo dalla buccia lacrimare,
aperto dentro non rimane che le membra
del prosciugato limone sono sfilacciate.
Ecco io sono quel limone,
non chiedo alla morte di farmi felice,
ancora mi regge un po' l'intelletto
e finché lui regge io non farò mai tale gesto.
Ma cosa devo aspettarmi,
ma cosa mi aspetto,
dopo l'ennesima botta ricevuta
tutto questo dolore la vita mi ha distrutto.
Al contrario del limone che non ha più speranze
della mia vita ancora posso disporre
devo trovar la forza di riempir le mie membra
di speranze di una futura vita da me perduta.

TEMPORALE NOTTURNO

Triste è la notte
Che di tenebre si scura
Il cielo senza stelle, né luna
Tinta di morte, è questa notte
Si ode il fischiar del vento forte.

Questa notte fa paura
Il batter cruento della pioggia
Sui vetri delle finestre
Incupisce la mia mente
Senza una luce che rischiara.

Dal tetto cadono rivoli d'acqua
rumoreggiando su un tetto sottostante
Si placa l'incessante bufera
Un tuono secco squarcia l'aria
Illuminando a giorno la stanza.

Tutto si placa
Anche il fischiar del vento
Solo il tinnar dell'acqua che scola
Come una musica risuona
Mi assopisco, come da mano cullato.

TERRA DELL'AMIATA

Terra aspra della mia montagna
conosci ed hai conosciuto
l'emigrazione verso paesi lontani.
Terra montana l'emigrante non ti
dimentica,
con orgoglio ad essa molti tornano.
Terra di montagna dove ai tuoi piedi
si ergon maestosi castagni,
gustosi funghi porcini ed ovuli.
Terra di montagna, terra di tufo,
di acque sorgive e pure.
Ancor più in basso, nelle colline,
si coltivano olivo e vite
questo è il tuo tesoro;
per migliaia di anni ci hai sfamato.
Terra aspra che raddolcisci la vita
a chi ti cura, con la tua castagna
rendi il suo gusto inebriato dal buon
vino.
Offri il tuo porcino
per tutto l'anno duraturo,
messo a dimora con il tuo olio.
Monte Amiata che porti in vetta una
croce
la tua gente bene la conosce;
per chi è emigrato il tuo peso ha
portato,
per chi è rimasto se la porta ancora
addosso.

TERRA MIA 2

Terra, mia terra di Toscana bella
Ti amo e ti penso ogni istante
Vivo lontano da emigrante
Per un lavoro fisso sempre sognato
Terra amara, terra amata
della montagna del Monte Amiata.
Terra di sacrifici e fame
Troppi tuoi figli, sono dovuti emigrare.
Ho pianto per averti abbandonato
Ritornerò un giorno, ne son sicuro
Terra mia, è una promessa, te lo giuro.
Viver lontano con altra gente
Gente di altri luoghi, altri costumi
Chiamandoci con disprezzo terroni.
Eppur di Italia tutti facciam parte
Tutti a Roma Capitale andiamo a
pescare.
Se pur avara nelle risorse
È per te, terra mia
La mia nostalgia.
Terra mia, dove vive gente perbene
Non conosce ostilità di sorte
Né verso il Sud, né verso il Nord .
Terra avara dell'Amiata
Da me stesso odiata e amata
Per la tua asprezza e avarizia.
Eppur hai dato vita se pur stentata
Le tue genti nel passato governavi
con i tuoi castagni funghi ed olivi.
Ma or non basta viver di questo
La vita è altra e debiti da coprire
Vogliam vivere e progredire.
Molti, troppi come me
Han dovuto emigrare

Verso altri luoghi per lavorare.
Terra, terra mia non so quando
Ma tornerò un giorno
All'ombra di un tuo castagno.

TERRA NATIA

Nella vita mia trascorsa ho visitato tanti
posti,
belli e brutti , ma questo va a gusti,
da militare tutta l'Italia mi hanno fatto
attraversare.
Per lavoro sono andato dell'Italia fino il
confino,
con il passar degli anni ,
giù fino a ritornare da dove son partito.
Per mio sfizio ho girato dell'Italia ogni
anfratto,
sconfinando verso l'unita Europa.
Terra mia terra del monte Amiata,
uguale a te non ce n'è, tu mi hai donato la
vita.
Io ti ho dato la mia giovinezza, lasciandoti
da uomo,
per ritornar poi, nella mia terra con
fierezza ,
con la giovinezza persa ed il capello
bianco.
Terra mia montana, sono tornato,
per assaporar la tua candida neve,
le tue giornate gelide di tramontana,
le tue tiepide e gioiose serate estive,
il fresco della tua splendida montagna.
Terra mia terra, di tufo e resti di vulcano
spento,
di acque solfuree e sorgenti sgorganti
dissetando città e paesi circostanti.
Alle nostre fontanelle ridotte a pochi
esemplari,
si dissetano villeggianti e paesani.
Terra, terra amara, hai dato il massimo nel
passato,
ma non era sufficiente per sfamare la tua
gente,

che come me è dovuta emigrare per
sopravvivere.
Terra di Toscana, posizionata sull'Amiata,
dove il castagno fin dai tempi antichi era la
vita,
con i tuoi funghi gustosi hai sfamato interi
paesi.
Con la legna dei tuoi castagni e faggi
hai riscaldato interi villaggi,
con il tuo mercurio a molti desti lavoro.
Terra mia terra, voglio che tu sia sempre
viva,
 sempre attiva, quando sarà il momento
 tu mi accoglierai tra le tue braccia sotto il
tuo manto.

TERRORE SUL SOLE

Tra cinque miliardi di anni
Il sole smetterà di illuminare
E irradiare il suo calore
Sono preoccupato!.

Non so se sarò ancora vivo
Ma senza chi ci riscalda
E ci dà luce
Ci toccherà morire .

Si dice inoltre, che non scoppierà
Ma sarà cosi pieno di gas Elio
Che si dilaterà così tanto
Che riempirà gran parte dell'Universo.

Io sono un profano
Non ho nozioni di astronomia o fisica
Ma mi dico; come fanno
Gli scienziati ad asserir questo.

Già abbiamo tanti problemi
E c' è sicuramente qualcuno
Che è preoccupato per quello
Che avverrà tra cinque miliardi di anni.

Io non mi preoccupo di quello
Che accadrà, mi preoccupo di adesso
Nei prossimi anni, che non sono rosei
Pensiamo a questo secolo, di mafiosi e
omertosi.

TESTA RIBELLE

Oggi non v'è poesia nella mente
Ma solo confusione
Di tante parole sussurrate, dette
Dentro la testa un mattone.
Tutto questo mi dà dolore
Non voglio pensar a niente
Né ai figli, né che ne segue
Son cose delicate e sofferte.
Come metto la penna a carta
Si rivolta la mente e mi dice:
_Pensa! E se il cibo gli manca?
Saranno al sicuro? Il cuor si stringe.
Disse un grande del passato
Del futuro non v'è certezza
Ma com'è dura questa ricetta.
Io che ho vissuto protetto, coccolato
Dalla famiglia che mi ha creato
È dura accettare dalla tua il contrario.
Tu figlia mia sai di aver una famiglia
Un punto di appoggio, che consola
Non lo accetti, perché ti consiglia.
Io a questo punto più non distinguo
Se son poeta o predicatore
In questo momento ramingo
Aiutami Signore.

TI AMO 2

L'emozione di un bacio
Lascia tracce nel cuore
Una carezza conferma l'amore
Averti accanto è la mia gioia

Ti ho amato tanto, ancor ti amo
Ti amo, ti amo, te lo dirò piano piano
Dolce il tuo sguardo, nel mio imbarazzo
Sono un uomo, con te mi sento ragazzo.

Questo sentimento è la nostra storia
Un bacio è suggello d'amore
Da brividi alla pelle e calore
Come posso non amarti mio tormento.

Amami, con tutto il tuo sentimento
Ti donerò la luna e il sole per amore
Una collana di stelle nello stesso tempo
Non è più possibile, ma ti amo tanto.

Torna da me, ti amo davvero
Ti stringerò tra le braccia come un dono
Ti dirò piano, piano, ti amo son sincero
Amami! Ti chiedo perdono.

TI AMO

Ti amo, sei in ogni mio pensiero,
ad ogni tuo sguardo mi perdo
mi perdo in te, tra le lenzuola,
ogni tuo attimo d' amore,
ogni minuto è un attimo che vola,
ti penso sempre sai,
sei il mio grande amore e mi consolo.

Ti amo sotto questa luna
nei silenzio della sera,
aspettando il sonno e poi il sogno,
come una chimera,
in queste notti senza fine
aspetto il sogno che non arriva,
ed ogni lacrima versata va verso l'aurora.

Ti amo nei ricordi più belli,
sempre presenti nei miei occhi,
quelli che ricordo con più passione,
mi fan tremar le ginocchia,
quei momenti che gli occhi fan l'amore,
le bocche stanno a giocare, tra affannati respiri,
il corpo pronto a far l'amore.

Ti amo e penso,
ogni attimo senza te è una penitenza
l'amore da piacere e dolore,
la lontananza, ti fa sentire piccolo, nervoso,
intollerante in ogni circostanza,
basterebbe riflettere,
se l'amore è vero non esiste lontananza.

Ti amo te lo voglio dire,
ad ogni battito del mio cuore,

sono un pazzo che ripete la stessa parola,
ti amo amore, ti amo amore,
nei sogni rivivo gli attimi di dolci baci e piacere,
amarsi ogni giorno del nostro tempo
è un attimo da rivivere.

TI LASCERO' ANDARE ALL'AURORA

Camminerò al tuo fianco quando ti sentirai sola
sarò al tuo fianco quando la sera si fa scura,
sarò sempre con te non aver mai paura.

Sarò al tuo fianco quando crederai di non aver scelta,
camminerò al tuo fianco quando la strada si farà
stretta,
sarò al tuo fianco e ti asciugherò il pianto con una
carezza.

Camminerò con te verso l'orizzonte a cercare l'alba,
sarò al tuo fianco quando la vedrem nascere chiara
sarò al tuo fianco quando il tuo volto si illuminerà
ancora.

Camminerò con te per vedere un tuo sorriso che mi
sfiora,
sarò con te e ti lascerò andare allo spuntar dell'aurora,
non mi troverai più al tuo fianco e
camminerai da sola.

TRANQUILLANTE

 Ehi amica! Amico!
Sono un antidepressivo
Un tranquillante, un distensivo
Portami con te sempre
Sono tuo amico, basta una pillola
O se vuoi poche gocce, durano ore
Sarai tranquillo/la, non aver timore
La notte ti farò riposare
Non servo solo per distenderti
Per tranquillizzarti, e star bene
Ma io sono sempre a te accanto
Nei tuoi momenti brutti ti servo
Sei depressa, nervosa, servo per tutto
Dai! Prendimi, usami quando vuoi
Sono la tua droga, dei nuovi tempi.

TRISTE POETA

Sto vivendo il tempo di magnifiche passioni,
scrivendo su bianche pagine le mie emozioni,
non fantastiche fotografie, son dolci poesie,
non sono ferme immagini, son solo parole mie.

Conservate nella mente o spontanee parole,
di un tempo o del presente, parlano d'amore,
un rimembrar di ricordi vecchi, nuovi, inventati,
per cuori solitari o cuori dolci e innamorati.

Ho provato a cancellare i ricordi vecchi,
indelebili vivono tutti nella mente, e negli occhi,
cullando ogni giorno ed ogni notte i sogni,
mischiando il presente e passato, dei miei giorni.

Dimmi quanto mi ami; ti amo amor mio tanto,
stringi amore, stringimi forte al tuo petto,
li tengo in me come gioielli questi ricordi
stretti come il cuscino, nelle notti insonni.

La tristezza mi assale, sento nell'anima il dolore.
il presente tanto mi dà in dolcezze d'amore,
rivivo il passato di giovane uomo con nostalgia,
regalando la mia vita a gocce, stillate in poesia.

TUFFATI NEL MIO MARE

Tuffati come hai sempre fatto nel mio mare
Tuffati in questi occhi come tu sai fare
Non agitar le acque, non crear tempeste
Non voglio veder facce stanche, meste.

Tuffati nel profondo di questo mare
Fammi sentir del tuo cuore il calore
Assaggia, della mia bocca il sapore
Respirami, succhia di me tutto l'amore.

Abbraccia il mio liquido corpo
Assaporami, prendimi come uno sciroppo
Vola nell'azzurro di un cielo brillante
Godi lo splendore dell'occhio cangiante.

Guarda dentro questo cielo vedrai l'anima
Vedrai l'amore che ho e per chi spasima
Accarezza con lo sguardo questo cielo azzurro
Vedrai il cuor mio sciogliersi come burro.

Prendi le mie mani, portale su di te
Ti farò vedere, oltre questo cielo cosa c'è
Tuffati in questo mare, troverai il mio cuore
Sentirai il cuor batter per te, colmo d'amore.

ULTIME VOLONTA'

A te compagna dico :_ Non disperarti
Se sono partito, ti amo non scordarlo,
Andrò a ricongiungermi
Con chi mi è tanto mancato
Colei che la vita mi ha donato_

A te Angelo protettore dico:
_Quando il mio cuore mi farà
Tirare il mio ultimo respiro
Io sarò nel buio.

Ti chiedo di prendermi per mano
E condurmi dinanzi l'Eterno_
Come mia madre fece a me bambino
Per guidarmi nel mio cammino.

UMANI ANIMALI

Il Condor la Iena
Non piangon
Quando mangiano
Una carogna già morta.
Il falco , il Leone. La pantera
Non hanno rimpianti
E non si fan scrupoli
Uccidere per mangiare.
Il serpente, il coccodrillo
Attaccan briga per difesa
Tutti gli animali non si lamentano
Sono indifferenti alla loro situazione.
L'umano è l'essere peggiore
Pericoloso e infido più di ogni animale
Cosciente ad altri di far del male
Si tratti di persona o animale per lui è
uguale.

UNA ROSA PER TE

Una rosa per te, rosa tra le rose
Bacio la tua bocca profumata d'amore
Sdraiata sul lettino a prendere il sole
Annusi il suo profumo, sa di passione.

Mi guardi negli occhi, vado in confusione
Rosa tra le rose, non far appassir l'amore
Bella ti vedo, sdraiata su quel lettino
Ti immergi nei miei occhi, è divino.

Un sorriso malizioso, porgi al mio sguardo
Giri la rosa in mano, attaccata al tuo naso
Mi mandi un bacio e su di te mi chino
La rosa tra le mani, mi porti a te sul lettino.

Mi dici:- Amor mio stammi vicino-
Ti amo rosa tra le rose, mio coccolino
Non so se reggerà due questo lettino
La rosa cade a terra, il tuo corpo è divino.

Sto baciando ogni millimetro del suo corpo
Ancora una volta il tuo far mi ha corrotto
Rosa tra le rose, il tuo profumo inebria
La mia bocca sulla tua, di petali si piena.

Se vivremo un'altra vita, d'amor sarà piena
Non perderò del tuo amor neppur una scena
Rosa tra le rose, il maggio è finito
La gioventù è una stagione, il suo corso ha avuto.

La nostra età ci rimanda ad un amor stilizzato
Scendiamo dal lettino, sdraiamoci sul prato
Rivivremo il tempo verde che se n'è andato
Abbracciamoci, lasciamo la rosa al passato.

Viviamo la vita che Dio ci ha donato
Senza assilli, prendiamo ciò che ci vien dato
Assieme a te tempi di dolce e furioso amore
Baciamoci ancora, facciamo contento il cuore.

VECCHIAIA

Se la giovinezza è in salita
Per giunger ed esser uomini forti
È come scalar una montagna
Ed arrivare fino la cima.
Cos'è il resto della vita?
E' una rapida discesa
Da affrontare con parsimonia
Prima che giunga la vecchiaia
E tutto ceda all'improvviso
Precipitando in un abisso.
Io lo giuro! Da questa cima
Della montagna non mi muovo
Non voglio diventar vecchio
Son qui attaccato alla cruna.
Non so quanto resisto
Se perdo l'equilibrio precipito
Mi aggrapperò all'aria!
Non voglio cader nell'abisso.
:_Ascolta sciocco !
Diventar vecchi è una fortuna
Se ti ostini ad aggrapparti
A quella cruna, prima o poi
Da giovane, precipiterai nell'abisso.

VENTO CAPRICCIOSO

Il vento capriccioso fa danzar la tua veste
I tuoi lunghi capelli prendono il volo
Il mio cuore fa batter come un tamburo
Mi hai gridato, ti amo, lo giuro
Soffia il vento, la tua voce è nel mio respiro
Questo vento non ti fa sentir quanto io ti amo.

Tu metti il broncio, non senti il mio ti amo
Non star così lontana, avvicinati al mio cuore
Ti riparerà, da ogni vento, il mio amore
Vacilli con la mente
La mia voce il tuo cuor non sente
E ti allontana da me inesorabilmente.

VIA PRÈ

In quella Genova di un tempo,
sbarcato da una nave come mozzo,
sentii il tormento di sfogar il mio istinto,
alcool e donne per ripagar il tempo perso.

Via Prè, era il vicolo giusto,
donne che vendevan il proprio corpo,
la bottiglia di tequila mi teneva sveglio,
adesso che son morto, vi lascio il mio racconto.

Una voce di donna, bel giovine venite dentro,
buttate la bottiglia, avrete ben altro divertimento,
sul tavolo la bottiglia, il pantalone scende veloce,
cadon a terra dadi da gioco e una vecchia croce.

La notte oramai è al culmine della mezza,
fuori malfattori e donne di facili costumi in cerca,
la luna nell'acqua ancor si specchia,
per le avventure in questa Genova è l' ora giusta.

Risuona della sirena il richiamo, è l'ora di andare,
stancamente vado verso il molo, mi devo imbarcare,
ancora un viaggio, poi chissà; se mi vorrà il mare,
salperò questa mattina, verso mete da non ricordare.

VINO

La vita è così dura ed aspra
Che un bicchier di vino la addolcisce,
Beviam un gotto, subito un altro
Il primo non deve esser mai solo.

Ogni pensiero che ti morde,
Ti logora, nel fisico e nella mente
Un altro bicchiere oste,
Voglio addolcir la mente.

Poi un bicchier di vino rallegra
È un po' ritornar alla giovinezza
Quando dispensavi sorrisi e fierezza
Ancora un bicchiere e sei nell'oblio.

Ti torna il cuor di giovane leone
E ammiravi belle fanciulle
Oramai non controlli più il tuo istinto
Ogni pensiero brutto è svanito.

Parli di una donna che in passato hai
amato
La tua bocca impastata di vino
E la lingua che non tieni a freno
Sprigioni volgari parole.

Come se dentro la tua testa
Migliaia di parole spingessero a forza,
Per poter uscire, come se non vi fosse
Più posto o non volessero più stare.

Un altro bicchiere ancora oste,
Passando così i confini della ragione
Già più in piedi non ti reggi

E barcollando vai.

Domani è un altro giorno
Ritorneranno a vagar pensieri
E la tua aspra vita
Con un bicchiere ancora addolcirai.

VISIONI DISTORTE

Sotto un'ombra rinfrescante
Sulla strada a me di fronte
L'aria tremula balla.
Forse sono i dannati!
Caronte lì fa ballare
Sui carboni ardenti.
Figure strane ondeggiano
Ribollendo dal caldo asfalto
Salgono seguiti dall'occhio.
Nel suo trasfigurare
Un palo in ferro della recinzione
Sembra cammini assumendo delle
posture
Verso di me sembra venire.
Un'auto! sento il suo rombo
Passa sibillando sull'asfalto
Lascia l'impronta del pneumatico .
Passano le calde ore
Scende verso Ovest il sole.
Si ritira anche Caronte
Non ballano più le anime perse.
È quasi sera: qui d'intorno
I grilli stanno cantando
Svolazza la rondine pasteggiando.
La tortora il merlo ed il passero
Tornano al suo rifugio
Il gallo, le galline sta chiamando.
La massaia, cava le uova dal nido
L'ortolano, l'orto annaffia
Il contadino, governa le bestie nella
stalla.

VOGLIO VIVERE IL MIO TEMPO

Scorre la vita tra le mani, nulla tralascia
Neppure un respiro o batter di ciglia
Corron veloci i giorni, i mesi, gli anni
Eppur misuriamo secondi, in affanni.

Oltre la terrena vita , quanta vita ci rimane
Credo sia una magra consolazione
Ciò che non tocco, non vedo, non ha dimensione
Non sono ateo, ma neppur credulone.

Scivola la mia penna su questo foglio
Quanto tempo consumato, lo rivoglio
Vedi non è possibile, c'è uno sbaglio
Credo io stia creando uno scompiglio.

Un decimo è una frazione di un secondo
Cos'è un lasso di tempo in questo mondo?
Un secondo è così nano
Da non rappresentar nulla al normale umano.

Eppur la vita se ne va in secondi, piano, piano
Dovrei poi vivere in eterno, non da umano
In altra dimensione, svolazzando senza cuore
Ma come si può parlar di vita, di eterno amore.

VORREI ESSER PER TE..

Sei la luce dei miei occhi,
quando ho te al mio fianco
del tuo amore non mi stanco ,
mi dai luce, amore, con te sto bene,
non voglio altro,
stammi sempre accanto.
Viviamo di baci e carezze
l'uno per l'altro,
siamo in un sogno
che non finirà al far del giorno,
ma durerà in eterno.
Vorrei essere
 il tuo animaletto preferito,
un gatto, un pavone, un furetto,
quell''animale che ti dà
più sicurezza e calore.
Se sceglierai il gatto!
per te farò le fusa,
con il musetto ti sfiorerò il petto,
con la coda, ti farò solletico,
voglio vederti sempre felice.
Vorrei essere
 il più bel fiore profumato,
una rosa rossa,
per inebriarti la mente.
Un fiore di gelsomino!
che rappresenta la purezza
ed il suo profumo ti addormenti.
Come il principe di Biancaneve
io verrò a cercarti,
per darti un bacio e risvegliarti.
Oppure il fiore di ciclamino
che ti accompagni nel tuo cammino,
per essere a me sempre vicino.

Per la vita, sarò la tua coperta, il
cuscino,
indifferentemente che io sia un uomo,
un gatto, un fiorellino.

INDICE

Finito di stampare nel mese di Novembre 2016
per conto di Youcanprint *Self-Publishing*

www.ingramcontent.com/pod-product-compliance
Lightning Source LLC
La Vergne TN
LVHW020332200726
843507LV00012B/2331